Nur eine Brücke
zwischen Gestern und Morgen

Manès Sperber

Nur eine Brücke zwischen Gestern und Morgen

Europaverlag
Wien · München · Zürich

Umschlag und Einband von Wilhelm Kögl

Illustrationen von Heinrich Sussmann

Lektorat Peter Dempe

Printed in Austria
Satz und Druck Elbemühl Wien
ISBN 3-203-50753-6

Inhalt

EXISTENZEN

Der tiefe nächtliche Schlaf trennt den Menschen von seinesgleichen, verbannt ihn in eine Enklave, die sich während langer Stunden allem zu verschließen scheint. Die Welt, in welcher der Träumende sich bewegt, gehört ihm allein, obwohl sie wie ein Trödelladen mit Dingen ausgefüllt ist, die er im Wachen wahrgenommen oder sich vorgestellt hat. Licht und Lärm, die seine Sinne reizen, benutzt der Schläfer wie einen Rohstoff, den der Traum verarbeitet oder bis zur Nichtigkeit reduziert.

Man könnte meinen, der Schlaf wäre Zuflucht vor der Nacht, vor ihrer beängstigenden Finsternis – besonders für Menschen, die sich den Anforderungen des täglichen Lebens zu entziehen suchen. Am hellichten Tag verhängen sie die Fenster, versperren sie die Läden. Gleich dem Kinde, das die Augen schließt, um sich unsichtbar zu machen und so einem Tadel zu entgehen, so verfinstern sie den hellen Tag. Sie vertragen die Nacht nur, wenn der Schlaf sie während langer Stunden ihres Bewußtseins entledigt, wenn er sie des bewußten Seins enthebt.

Nicht jedes Kind fürchtet die Dunkelheit, aber wenn es aus dem Schlaf gerissen wird, gerät es in Angst vor dem Unsichtbaren, mit dem die Nacht angefüllt ist. Auch die Erwachsenen vertragen schlecht eine Unterbrechung ihres Schlafes, die sie länger, als ihnen lieb ist, wach hält, so daß sie allein bleiben mit sich selbst, mit ihrem eigenen Herzschlag in einer Stille, in der nur das Atmen benachbarter Schläfer an ihr Ohr dringt. Sie mögen dann mit wachsender Ungeduld entdecken, daß sie nicht genau genug wissen, wie man wieder einschläft, und daran zu zweifeln beginnen, ob sie es überhaupt jemals gewußt haben.

Ich glaube, daß ich als Kind vor dem Dunkel keine Angst empfunden habe, weil man mir von Anbeginn ein grenzenloses Zutrauen zu den Menschen eingeflößt hat. Auch von den Tieren sollte ich nichts befürchten, lehrte man mich, doch hielt man mich dazu an, ihnen gegenüber vorsichtig, in Gebärden sehr behutsam zu sein. In den Tiergeschichten, die meine Großmutter mir erzählte, kamen am öftesten die Eichhörnchen vor. Es gab nur einen Feind, vor dem ich mich hüten mußte wie vor dem Tode – das war der Leopard. Doch da es bei uns weit und breit keine Leoparden gab . . .

Zumeist wußte ich beim Aufwachen nicht, wie

ich eingeschlafen war: man ließ mich in der Gesellschaft der Erwachsenen verweilen, bis ich vom Schlaf übermannt wurde. So fand ich mich am Morgen im Bett beinahe immer in der erwartungsvollen Stimmung eines Neubeginnens, das dem Kinde stets so erwünscht war wie eine Reise, wie alles, das versprach, anders zu sein als der gestrige Tag und zumindest so gut wie er, wahrscheinlich aber noch viel besser. Erwachte ich in der Nacht, so lauschte ich auf die Stille, um auch das geringste Geräusch zu erhaschen. Jedesmal empfand ich es als Genugtuung, wenn plötzlich irgend etwas hörbar wurde. Diese Neigung, die mich am Einschlafen nicht hinderte, ist mir geblieben.

Selbst der leiseste Wind betrifft mich auch heute noch wie in meiner frühesten Kindheit – so, als ob er und ich, als ob wir miteinander allein wären. Klagendes Weinen von Kindern schreckt mich auf, aber andere Geräusche wecken mich selten, selbst wenn sie heftig sind, denn ich schlafe »über sie hinweg« oder »gegen sie«, befolge somit den Rat: »Nur net ignorieren!«, wie der Wiener sich selbst ermahnt, wenn sich irgend etwas zudringlich seiner Beachtung aufdrängt, er es aber für weiser hält, sich so zu verhalten, als ob er nichts wahrgenommen hätte.

Dieser passive Widerstand gegen aufdringliche Störungen mag erklären, daß ich nie schlaflos gewesen bin, also nie ein Schlafmittel genommen habe. Jedoch ist im Laufe dieses überaus unruhigen Jahrhunderts vielerlei geschehen, was meine Schlafgewohnheit gefährdet und schließlich verändert hat. In den ersten Monaten des Dritten Reiches befürchtete ich wie alle Schutzhäftlinge meiner Art, daß man uns im Morgengrauen aus den Einzelzellen holen und draußen »auf der Flucht« erschießen würde. Daher erwachte ich, ehe die Nacht geendet hatte. Nichts sollte mich überraschen, ich war ein »Toter im Wartestand« – so weit hatte ich mich gebracht. Meine jungen Jahre hatte ich als Vorbereitung auf große, alles umwälzende Taten gelebt, nun wollte ich auch während meiner letzten Stunden im völligen Besitz meiner Sinne bleiben und so nüchtern sein wie das Morgengrauen. Keine Schreckvorstellung riß mich aus dem Schaf, doch fand ich, noch bevor ich die Augen öffnete, die volle Wachheit wieder. Jene Sekunden des Zögerns, die gewöhnlich den Übergang vom Schlaf zur bewußten Wahrnehmung begleiten, kannte ich fortab nicht mehr.

47 Jahre sind seither vergangen, aber bis auf den heutigen Tag, selbst in meinem 75. Lebensjahr, stellt sich der Übergang ebenso wenig ein wie seinerzeit in der Zelle. Nichts, nur der natürliche, vielleicht plötzliche Tod bedroht mich, aber ich denke an ihn seltener als je. Weder vor dem

Schlaf noch im Erwachen fühle ich seine Nähe. Es hängt mit meinem Alter zusammen, daß ich dennoch beinahe täglich erwache, noch ehe das Zwielicht des grauenden Morgens alle Gegenstände wie aus einem Nebel in undeutlichen Umrissen auftauchen läßt. Etwa sechs Stunden Schlaf genügen mir, manchmal auch weniger. Der Gewohnheit, im Bett bis zur Ermüdung der Augen zu lesen, bleibe ich treu. Ich könnte nach dem zu frühen Erwachen wieder Licht machen und in der Lektüre dort fortfahren, wo ich unterbrochen hatte. Das tue ich beinahe niemals, denn ohne Übergang bemächtigt sich meiner gewöhnlich ein Gedanke, als ob er mir an der Schwelle des Bewußtseins aufgelauert hätte. Er betrifft selten persönliche Angelegenheiten, hängt auch nicht immer mit dem Geschehen des vorangegangenen Tages, etwa mit politischen Problemen, mit meiner letzten Lektüre oder mit einem Traum zusammen.

Ich verfolge jedes aufkommende Geräusch und lausche ihm nach, bis es unhörbar geworden ist. Seinerzeit, als ich ganze Nächte lesend und schreibend verbrachte, habe ich erfahren, wie eine Großstadt sich allmählich beruhigt, jedoch zwischendurch, während einiger Minuten wieder lärmend wird – zum Beispiel sobald die Nachtlokale geschlossen oder Familienfeste und Tanzabende ein Ende genommen haben. Auch die Sirenen der Rettungs- und Polizeiwagen verstummen. Das tausendgliedrige Ungeheuer schläft jedoch nicht lange, die Befriedung hält nur eine oder zwei Stunden an. Ein Schuß, ein einzelner Wagen, der vielleicht eine Kreißende in die Geburtsklinik bringt, ein schriller Schrei, dem kein Laut folgt – all das erinnert den Wachenden daran, daß auch andere noch nicht oder nicht mehr schlafen. Mit ihnen hat er nichts gemein, denn er teilt seine Einsamkeit nur mit jenen, die sein Gedächtnis oder seine Einbildungskraft ihm zugesellt.

So verbringe ich allnächtlich Stunden mit Menschen, die mich unmittelbar angehen, doch nicht weniger oft mit Fremden, denen ich einmal begegnet bin oder gegenwärtig oft begegne und deren Namen ich zumeist nicht kenne. Schon in meiner frühen Jugend begann ich ein Spiel, dessenthalben ich mich lange Zeit des Schreibens enthalten konnte, obwohl es mich gleichzeitig dazu drängte. Dieses Spiel wurde später, als ich meine Romane zu schreiben begann, obsessiv. Während vieler Jahre beherrschte es mich wie eine Passion, von der ich mich nicht hätte befreien können, auch wenn ich es gewollt hätte. Unermüdlich stattete meine Phantasie Männer und Frauen, die ich kennenlernte oder denen ich in einem Coupé oder Warteraum gegenübersaß, mit einer Biographie aus. Es mußte sich nicht um

Personen handeln, die sich durch Worte oder Gesten auffällig gemacht hatten. Ihr äußeres Sein schien mir in einer enigmatischen Zeichensprache ihr Wesen zu verraten und die Erlebnisse, von denen es geformt worden war. So galt es nicht, ein Geheimnis, sondern das Unbekannte zu deuten. Als Spiel fing es an, glich einer psychologischen Übung und wurde zur Gewohnheit, die ich erst sehr, sehr spät, allmählich und niemals ganz aufgegeben habe.

Dazwischen lagen die Jahre, da ich gleichsam unter unwiderstehlichem Schreibzwang stand: nicht nur wenn ich allein war, sondern mitten im Gespräch schrieb ich »im Kopf«. Ich, der niemals Notizen macht, der nur Papier und eine Feder braucht und so, zumindest dem Scheine nach, aus der Inspiration des Augenblicks schreibt – ich habe so viele Jahre sitzend, stehend und im Gehen Millionen Wörter aneinandergereiht, als ob ich sie genau so später zu Papier bringen müßte. Solcherart habe ich zahllose Episoden ersonnen, aber später nie verwendet. Und ich habe diesen merkwürdigen Sachverhalt nie zu erklären versucht.

Jetzt aber denke ich mir nur selten imaginäre Biographien aus. Schrieb ich biographische Essays – so über Nietzsche, Dostojewski oder über Zeitgenossen – so ließ ich der Phantasie nicht den geringsten Spielraum, sondern stützte, was ich zu sagen hatte, auf bewiesene Tatsachen und bezeugte Ereignisse. In den Romanen sprossen mir die zentralen wie die episodischen Figuren gleichsam aus der Erde, wuchsen schnell in die Höhe und in die Breite, bis sie schließlich ein anscheinend souveränes Sein erlangten: jede von ihnen blieb in ihrer eigenen Dauer, jede war in einem individuellen Zeitraum beheimatet. So mußte ich meine Romane um jene Seiten kürzen, die von Taten und Erlebnissen erzählten, welche mit dem Gang der Handlung nichts zu tun hatten – sie füllten zwar Phasen des Zeitraums meiner fiktiven Helden aus, waren aber nicht unbedingt notwendig. Sie kennzeichneten das Zuständliche des individuellen Seins, das den Leser jedoch nur angeht, wenn dieses erschüttert, gefährdet oder durch radikal veränderndes Tun verwandelt oder sinnlos wird.

Nun, eben dieses Zuständliche ist es, das mich – besonders in den letzten Stunden der Nacht – seit Jahren weit mehr beschäftigt als der lineare Verlauf der Handlung. Am Tag, in den Straßen, besonders aber im Jardin du Luxembourg, in dem ich täglich spazieren gehe, in dem ich – hier paßt das Wort genau – lustwandle, begegne ich oft Männern und Frauen, Unbekannten, die mir mit der Zeit namenlose Bekannte werden, deren äußeres Sein zwar auffällig ist, doch dem Anscheine nach unwandelbar bleibt.

Vor etwa neun Jahren war sie ein halbwüchsiges Mädchen, nun müßte sie eine junge Frau sein. Dennoch ist sie es nicht. Sie trägt noch immer das hellrote sommerliche Kleid unter dem zu kurzen Regenmantel, Männersocken, die bis zu den Waden reichen, und Schuhe, die ihre Farbe verloren haben. Sie setzt den Fuß aufs Pflaster, wie man die Faust auf den Tisch haut. Ihr reizloses Gesicht mit der etwas langen Nase bleibt, obschon unbewegt, von allem abgewandt, das nicht unausweichlich in ihr Gesichtsfeld tritt. Auch wenn sie sich zwischen den Schülern durchschlängeln muß, die in der Mittagspause die Straßen überfüllen, marschiert sie, als ob sie allein wäre und einem Ziele zustrebte, das sie unbedingt pünktlich erreichen müßte. Sie verlangsamt niemals ihren Schritt, die jungen Leute weichen ihr aus.

Ich weiß nichts von ihr. Einmal habe ich sie mit einer gut angezogenen Frau gesehen, die ihre Mutter sein konnte, später mit einem sehr alten Mann und ein anderes Mal mit einem recht hübschen Mädchen, das vielleicht ihre jüngere Schwester war. Juliette, so will ich sie nennen, weiß wohl seit längerer Zeit, daß ich sie bei unseren Begegnungen bemerke, sie kennt das Haus,

in dem ich wohne, und vielleicht auch meinen Namen.

Sie wohnt in einer Nachbargasse, somit könnte ich unschwer Näheres über sie erfahren. Ich tue aber nichts dazu. Es wäre ein leichtes, ihr eine detaillierte Biographie zu ersinnen, doch habe ich mich dessen enthalten, denn mich interessiert nur ihr Zustand und nicht, was ihn bewirkt hat. Sie lebt gewiß nicht allein; nach einer tiefen Kränkung hat sie beschlossen, ihr Leben lang das Aschenbrödel zu sein – den Eltern zum Trotz. Ja, das könnte so sein . . .

Vor einigen Jahren fiel mir ein hochgewachsener Mann auf, dem ich sehr häufig auf dem Weg zum Park begegnete. Sommers und winters trug er den gleichen breitkrempigen Hut und einen fast bis zu den Knöcheln reichenden bräunlichen Mantel, dessen hochgeschlagene Klappen Rock und Hemd verdeckten. Sein Gang rief in mir unabweisbar die Erinnerung an den zaristischen Offizier hervor, der mich im sowjetischen Film »Tschapajew« aufs stärkste beeindruckt hatte, weil er sein Bataillon in gemessenem Paradeschritt gegen die Maschinengewehre führte, die seine Leute hinmähten. Er blieb an der Spitze seiner Truppe, als wäre der Marsch in den Tod der einzige Sieg, den zu erringen ihm ein uner-

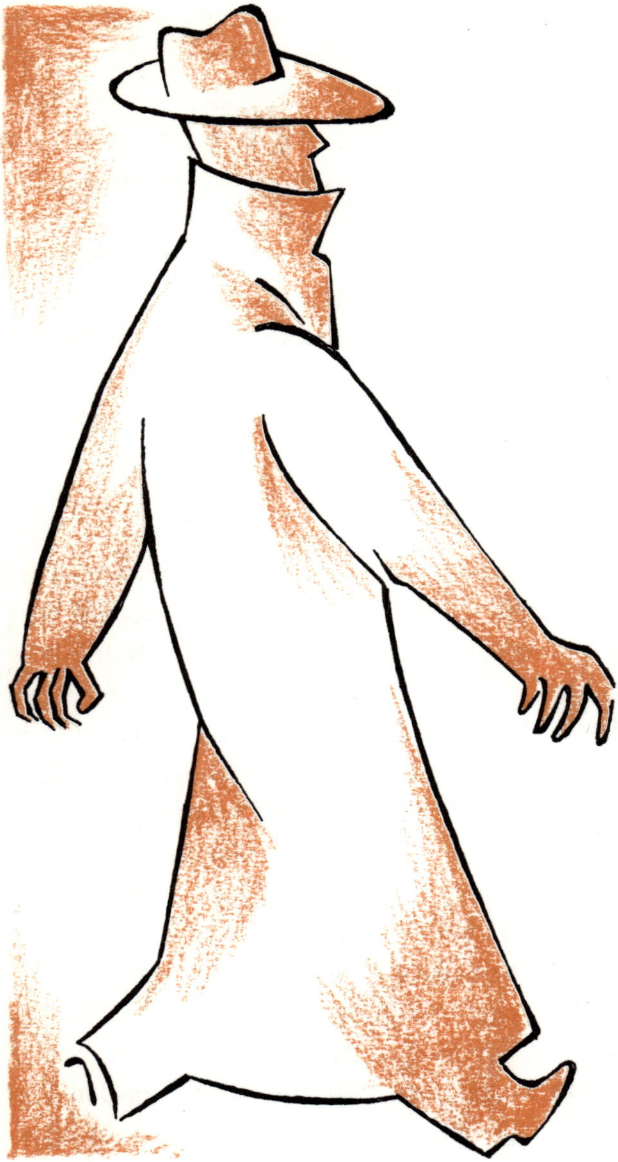

bittliches Schicksal als Lohn, nicht als Strafe auferlegt hatte.

Es war natürlich völlig ausgeschlossen, daß dieser etwa fünfzigjährige Mann ein Offizier der konterrevolutionären Armee gewesen war. Er sah nur genau so aus wie ein gewesener Berufsoffizier, der es nicht gelernt hat, sich mit der Armut abzufinden, und nun mit dem gefärbten Mantel zu verbergen sucht, daß er weder Hemd noch Rock sein eigen nennt. *Demi-solde* – so nannte man nach dem Sturze Napoleons diese schnell vergessenen Kriegshelden und falschen Zivilisten, die zu episodischen Figuren der französischen Literatur des vorigen Jahrhunderts wurden.

Der Mann gewann allmählich weit mehr Bedeutung für mich, als ich hätte vorhersehen können. Er erweckte Erinnerungen, die in mir Zweifel und Selbstvorwürfe auslösten, denn er zwang mich, an die zwanziger Jahre zurückzudenken, an den Enthusiasmus für die Revolution und die Rote Armee und an den mit ihm verbundenen, zwar abstrakten und dennoch intensiven Haß, den wir gegenüber jedem hegten, der die Sowjetunion bekämpft hatte. Damals erwog man keinen Augenblick, daß nicht alle Angehörigen der sogenannten »weißen« Armee sich aus purer Herrschsucht oder Habgier dem neuen Regime entgegengestellt hatten. In unseren Augen glichen sie samt und sonders den Karikaturen der sowjetischen Propagandaplakate, die im paroxystischen Abscheu denen der konterrevolutionären Plakate glichen. Es fiel uns leicht, dieser Ähnlichkeit nicht gewahr zu werden.

Die stumme Begegnung mit dem »Weißgardisten«, so nannte ich den Mann eher wohlwollend, bewirkte, daß ich Phasen meiner Vergangenheit noch gründlicher als vorher zu revidieren begann. Und wie gewöhnlich empfand ich ihm gegenüber jene Dankbarkeit, die man jedem schuldet, der einem zur bessern Einsicht verhilft. Gleichzeitig aber schöpfte ich den Verdacht, daß er ein Poseur sein könnte, der aus seiner bedrängenden Mittellosigkeit einen übermäßigen seelischen Profit zu ziehen versuchte.

Es geschah, vor etwa einem Jahre, daß sich sein Auftreten allmählich zu verändern begann. Vorerst durch ein Detail, das nicht zu ihm zu passen schien: er kam nun häufig mit einem farbigen Plastiksack einher, den er als Einkaufstasche gebrauchte. Ein wenig später trat eine bedeutendere Wandlung ein; er hatte den alten weitkrempigen Hut gegen einen modischen ausgetauscht, überdies wurde unter dem nunmehr offenen Mantel ein blaues Hemd sichtbar. Kurz, mein mysteriöser zaristischer *Demi-solde* kleidet sich seither wie ein höherer Beamter. Er schreitet auch nicht mehr im Parademarsch dahin, sondern wie ein seiner Würde bewußter Zivilist im besten Alter. Jedoch ist der säuerliche Geruch der Einsamkeit von ihm nicht gewichen.

Ich hoffte, ihn nach all diesen Änderungen bald in Begleitung einer jungen Frau zu sehen. Es wäre leicht, dachte ich, sie sich vorzustellen: ihre Kleidung, ihre Figur, ihren Gang. Er hätte sich auch einen Hund als Weggenossen wählen können. Aber er ist noch immer allein, und manchmal taucht, für mich beunruhigend, sein alter Mantel wieder auf.

Vor langer Zeit hatte ich die Biographie eines Mannes ersonnen, der zuerst in spielerischer Nachahmung, dann aber unter unentrinnbarem Zwang sich so verwandelt, daß er tatsächlich ein anderer wird – nämlich ein Mann, den er einmal gekannt und bewundert hat, bevor er ihn zu hassen begann, als ob er an ihm tödlich Rache nehmen müßte.

In den letzten Stunden einer Nacht, in der ich auf den Regen lauschte, der mit eiligen Schlägen an die Fensterläden meines Zimmers schlug, erinnerte ich mich jener ungeschriebenen Novelle und fragte mich, ob der *Demi-solde* nicht tatsächlich Enkel oder Neffe eines zaristischen Offiziers wäre. Alles andere ergäbe sich dann zwar nicht notwendig, aber möglicherweise von selbst. Früher hätte ich der Lockung nicht widerstanden, solche Möglichkeit in ihren Verästelungen und Verzweigungen auszuweiten, sie in eine Wahrscheinlichkeit und schließlich in eine beinahe unvermeidliche Wirklichkeit zu verwandeln. Doch jetzt tue ich nichts dergleichen, ich bleibe beim Zuständlichen. Und was diesen Fall betrifft, so würde ich ihn nicht mehr beachten, wenn ich den »Weißgardisten« endlich am Arm einer Frau erblickte – und ohne Mantel.

Doch was geht er, einer von mehreren Milliarden Zeitgenossen, mich überhaupt an? Warum denke ich an ihn im Morgengrauen? In früher Jugend begründete ich meine Wissensgier, die nicht mit Neugier verwechselt werden sollte, mit der selbstironischen Behauptung: »Mich geht wohl alles an, was mich überhaupt nicht angeht.« – Nun, ich habe viele Bekannte und Freunde, aber darüber hinaus viele bekannte Unbekannte. Und diese gehen mich an, weil sie mir – perspektivisch betrachtet – als charakteristische Repräsentanten der Menschheit schlechthin erscheinen. So mag es auch anderen Autoren ergehen: Wenn ich im Zug oder sonstwo einen Fremden entdecke, der mit sichtbarem Interesse ein Buch von mir liest, so beeindruckt mich das mehr als eine gescheite Rezension oder das Lob eines kritischen Freundes. Warum wohl? Und welch ein Unsinn, im Unbekannten, den der Zufall in meine Nähe bringt, gleichsam *den* Leser, den Vertreter der Leserschaft zu vermuten!

In der Magie gilt das Geheimnis des Namens ebenso wie die Pseudonomie als Kennzeichen, wenn nicht gar als Voraussetzung der Zauberkraft. Der Gott der Monotheisten hat viele Pseudonyme, er wird ausschließlich nur mit Decknamen bezeichnet und angerufen. Es sollte nicht schwer sein, eine psychologische Erklärung dafür zu finden, daß wir manchmal, in Umkehrung dieses Sachverhalts, geneigt sind, dem Unbekannten Bedeutung und Kräfte zuzutrauen, die wir, kennten wir ihn, nie bei ihm suchen würden.

In meinen Romanen und in meinem autobiographischen Werk nehmen Unbekannte, die zumeist namenlos bleiben, weit mehr Raum ein, als ihnen sonst zugestanden wird. Wenn ich, um irgendeine Stelle in meinen Büchern wiederzufinden, auf solche Unbekannte stoße, berührt mich diese Wiederbegegnung manchmal viel stärker als die mit einer wichtigen Figur. Gewiß kommt hier dem stets wachen Gefühl sozialer Anteilnahme Bedeutung zu, aber das allein reicht nicht aus, diese besondere Empfindsamkeit zu erklären. So lasse ich denn diesen wie so manch anderen Sachverhalt »im Rohzustand seiner Entstehungsform« und verschiebe seine Aufhellung. Im Hinblick auf mein Alter wird sie wohl eine Ewigkeit warten müssen. Es sei denn, der Messias käme recht bald . . .

Diese kleine Frau ist erst vor wenigen Jahren aufgetaucht: eine bunte Skimütze tief in die Stirn gedrückt, beinahe über die Augen gezogen; sie ist nur scheinbar dicklich, denn sie trägt mehrere Strickjacken übereinander und die locker sitzenden Hosen eines Trainingsanzugs. An ihrem Äußeren ändert der Wechsel der Jahreszeiten kaum etwas; zu allen Tageszeiten, in allen Nachbarstraßen des Luxembourggartens, von denen sie sich wohl nie entfernt – immer schleppt sie zwei große, vollgefüllte Plastiksäcke mit sich. Auch deshalb fällt sie wohl jedem auf.

Sie läuft mehr als sie geht, bleibt jedoch recht oft stehen – vor einem Auslagenfenster, einem Plakat, einem offenen Haustor, als ob es da und dort für sie etwas zu sehen, etwas zu überprüfen gäbe. Es ist ein harmloser Trick jener Leute, denen das Herz oder die Beine das Gehen erschweren. Man schöpft Atem, wartet, daß der Krampf in den Waden nachläßt, und tut inzwischen so, als

ob frivole Neugier einen festhielte. Diese Frau aber ist nicht alt, ihre Beine und ihr Herz sind gewiß noch solid. Die Säcke aber, die sie auf den Armen trägt, mögen zu schwer sein. Kommt man nahe genug an ihr vorbei, so erblickt man in den offenen Säcken gestrickte Kleidungsstücke, die denen zum Verwechseln ähnlich sind, die sie seit drei Jahren täglich trägt.

Manchmal summt sie den Refrain eines alten Schlagers vor sich hin, seltener spricht sie jemanden an, am liebsten junge Mädchen, die ihren Weg zu suchen scheinen. An die Auskunft schließt sie gerne ein Gespräch an, das manchmal den Touristinnen zu lang wird oder bizarr erscheint. Selten sieht man sie auf einer Parkbank und niemals auf einem der gemütlichen grünen Stühle ruhen. Sie zieht jedenfalls die Bänke vor, weil sie da Platz hat für ihre Säcke. Zweimal habe ich sie da beim Stricken überrascht und letzthin ein einziges Mal ohne ihre Kappe: sie hat recht hübsches, natürlich gelocktes Haar.

Einmal, an einem besonders windig kalten Tage, trat sie in unser Haus. Sie blieb eine kurze Zeit auf der Treppe sitzen und beschimpfte Leute, die mit dem Aufzug hinauffuhren, dann nahm sie ihre Säcke wieder auf und ging zum Garten hin. Sie blieb öfter stehen als sonst. Der scharfe Nordostwind verschlug ihr den Atem. Ich sah ihr nach: Ich selbst erfahre es oft genug, wie feindselig dieser Wind ein schlecht geschütztes, hilfloses Herz bedrängt. Ich habe ein Obdach, sie jedoch seit langem keines.

In Wahrheit weiß ich nichts von ihr, aber es dürfte wohl so mit ihr bestellt sein: eine Schwester oder vielleicht der Witwer ihrer Schwester erlaubt ihr, in einem Abstellraum hinter der Küche, gleich neben der Bedientenstiege, die Nacht zu verbringen – etwa von 7 Uhr abends bis 8 Uhr früh. In ihren Säcken trägt sie das Kissen und die Decke, sie schläft auf einer alten Matratze. In dem fensterlosen Raum darf tagsüber nichts an ihre nächtliche Anwesenheit erinnern. Am ersten des Monats findet sie abends auf ihrem Lager einige Geldscheine in einem Umschlag – ihre Rente, gerade genug, um nicht zu verhungern. Seit dem Bruch mit ihrer Familie hat sie mit niemandem von ihren Verwandten ein Wort gewechselt. Das letzte Gespräch mit ihrer Schwester mag so geendet haben: »Ihr alle habt mich gehaßt, und seit mein Bräutigam mich hat stehenlassen, verachtet ihr mich. Ihr verabscheut mich wie ein Ungeziefer.«

Das Leben dieser Frau – ich nenne sie Bernadette – könnte ich bis in die letzte Einzelheit mühelos ersinnen, aber ich lasse es im Dunkel. Ihre Vergangenheit geht mich nichts an. Sie ist seelisch, vielleicht sogar geistig krank, wahrscheinlich paranoisch. Die Polizei griff nicht ein, obschon sie gewiß einmal durch eine Nachbarin informiert worden ist. Bernadette tut niemandem etwas zuleide, verlangt von niemandem etwas – sie ist eine winzige Welt für sich. Sie läuft Marathon im Kreis um sich selbst, niemand, nichts kann sie aufhalten. Eines Tages wird sie zusammenbrechen, ihr Kopf wird nicht auf einen ihrer weichen Säcke fallen, sondern auf das verregnete Trottoir. Und Blut wird aus ihrem Hinterkopf auf das Pflaster rinnen, bis eine Ambulanz sie ins Spital bringt. Was ihr dort an Gutem geschehen oder an Schlechtem zustoßen wird, ob sie dann endlich aus dem Teufelskreis ausbrechen und auf der Erde – unter ihresgleichen – wieder heimisch werden wird? Um all das mag ich mich nicht kümmern.

Inzwischen begegnet sie beinahe täglich oder sogar zweimal am Tage einem weißhaarigen Mann, dessen beobachtender Blick ihr zuerst geschmeichelt haben mag, nun aber Unbehagen bereitet, weil sie glaubt, er beobachte sie kritisch, ja abschätzig. Sie irrt sich. Mein Blick ruht auf jedem, der in mein Gesichtsfeld tritt, das ruft wohl manche Mißdeutung hervor. Ich schaue fortwährend, aber ich betrachte nicht immer.

Als ich bemerkte, daß sie meinen Blick als eine Verdächtigung empfand, achtete ich darauf, die Augen rechtzeitig abzuwenden. Ist jemand mit mir, so dreht sie sich oft um, sie will herausfinden, ob ich nicht gerade über sie irgendeine spöttische Bemerkung mache.

An Wintertagen war ich manchmal daran, sie anzusprechen, um zu erfahren, ob man ihr helfen dürfe. Ich unterließ es. Es war offenbar von Anbeginn, daß ihre materielle Not eine Folge, nicht die Ursache ihrer äußersten Misere ist. Wahrscheinlich hat ihre Familie manches unternommen, um sie ihrer Einsamkeit zu entreißen. Gewiß, Liebe ist ein Heilmittel ohnegleichen, aber nur für jene, die willig sind, sie zu empfangen, und fähig, sie zu erwidern.

Über unser aller »sekundäre und tertiäre Existenzen« wollte ich einmal schreiben. Darüber, daß jeder Mensch im Leben anderer einen nicht immer meßbaren, oft kaum merkbaren Raum einnimmt. Und dieses unabhängig von seinem Willen und seinem Wissen. Als ein Er oder eine Sie oder als ein namenloser Unbekannter taucht jemand für einen Augenblick oder für Stunden auf – als eine befremdende oder vorübergehend willkommene Erscheinung, die irgendeinmal oder niemals wiederkommt und die, obschon desaktualisiert, dennoch unverlierbar bleibt.

Diesen Essay über die zweit- und drittreihigen Existenzen habe ich nie geschrieben, aber die Hunderte von Figuren, die meine Romane bevölkern, sind wohl unter dem Einfluß jener entstanden, die in meinem Leben – oder in meinen Träumen – ihre Tertiärexistenz gewonnen haben, ohne daß ich sie damals, als sie entstanden, oder jetzt, so viele Jahrzehnte nachher, in ihrer Primärexistenz identifizieren könnte.

In meinem dämmerigen Sinnieren stellen sich diese Gestalten zahlreich ein – jene, die noch am Leben sind, und die anderen, die in meiner Vergangenheit irgendeine Rolle gespielt haben, und schließlich auch die vielen, die der Zufall herangebracht und wieder entfernt hat. Und wahrscheinlich bin ich in ihrem Leben ein ebenso flüchtiger Passant wie sie in dem meinen.

Die Freunde aber, die lebenden und die toten, sind nie Passanten, sondern immer nahe, wenn auch nicht alle in gleichem Maße. Das Gefühl ihrer Nähe wird manchmal so intensiv, daß ich Mühe habe, mich seiner zu erwehren. Man blickt ins Dunkel des Morgengrauens, lauscht und achtet darauf, lange einzuatmen und langsam wieder auszuatmen, darauf bedacht, die Erinnerung nicht mit einer Wiederkehr zu verwechseln.

Mein Freund Georges Altman, ein führender Journalist der Résistance, Chefredakteur einer seinerzeit bedeutenden Pariser Zeitung, erkrankte im Alter von 58 Jahren an Leukämie. Man ließ ihn bis zum Ende glauben, sein Leiden wäre zwar dieser tödlichen Krankheit ähnlich, aber durchaus verschieden und heilbar. Ich besuchte ihn oft, überdies führten wir täglich längere Telefongespräche, dank denen er an allem so lebhaft teilnehmen konnte, als ob er nicht ans Bett gefesselt wäre. Er sollte sein sechzigstes Jahr nicht überleben.

Er war ein kluger, solidarischer Mensch. Seine immer wache Ironie war voller Witz, doch nie verletzend. Die Freundschaft, die uns verband, blieb bis zuletzt erstaunlich juvenil, ja seltsam verjüngend. Noch einige Zeit nach seinem Tode führte ich die Telefongespräche mit ihm stumm weiter. Allmählich hörten sie auf. Er blieb mir noch nahe, aber sein Lachen hörte ich fast überhaupt nicht mehr, nur den Blick seiner Augen fühlte ich noch einige Zeit auf mir ruhen. Während heftiger Diskussionen hatte ich in ihnen stets die Zustimmung des Kampfgefährten gefunden.

Viele Jahre nach dem Tod meines Vaters und dem späteren Ableben meiner Mutter erfuhr ich in wiederkehrenden Träumen, wie sehr ihr Fortleben in mir sich verändert und abgeschwächt hatte. Ich bin für ein paar Tage nach London gekommen, wohne aber nicht in ihrem Hause. Ich will sie besuchen, befinde mich in ihrer Wohngegend, kann mich aber nicht zurechtfinden. Der Name ihrer Gasse ist mir entfallen. Ich bin entsetzt über mich und darüber, daß ich ihn vergessen konnte, und werde immer ungeduldiger und gereizter mir selbst gegenüber. Ich habe auch ihre Telefonnummer vergessen, suche sie in einer Telefonzelle und finde sie nicht. Fast im Laufschritt streife ich durch die verwinkelten Straßen, an mancher Ecke glaube ich, in der Ferne die Somali-Road zu erkennen, ich renne hin, aber sie ist es nicht.

Aus dem Traum erwachend, erkannte ich ohne Zögern gleichermaßen die wiederholte Todesbotschaft und die Einsicht, daß die Entfernung, die mich fortab von meinen Eltern trennt, unendlich, unüberwindlich geworden ist.

Der Selbstvorwurf, die Eltern zeitweise vernachlässigt zu haben, ist unverkennbar, aber für die Wahl der Traumsprache nicht bestimmend. Das sah ich ein, als dieser mit geringfügigen Varianten wiederholte Traum sich nicht mehr auf die Eltern, sondern auf diesen oder jenen Freund bezog, dessen zweite, endgültige Entfernung einige Zeit nach seinem Ableben von einem ähnlichen Traum zudringlich signalisiert wurde. Obschon nicht vergessen, bleibt ein jeder von ihnen fortab unauffindbar.

Jedermann kann sich vorwerfen, dem andern nicht immer, nicht ganz gerecht geworden zu sein. Aber diesen Vorwurf kann er seinerseits gegen die anderen, auch gegen seine Toten erheben. »Niemand stirbt unschuldig, denn niemand hat unschuldig gelebt«, das habe ich vor vierzig Jahren geschrieben, dabei aber nie außer acht gelassen, daß die Übeltäter, die Verfolger und die Mörder ihren Opfern zu einer neuen Unschuld verhelfen. Heute würde ich eher daran erinnern, daß niemand immer recht haben kann, daß jeder ausnahmslos fähig und häufig genug begierig ist, sich zu irren.

Das Schuldgefühl ist zumeist eine Finte, die der Genugtuung an der Selbstanklage den Genuß der folgenlosen Reue hinzufügt und so der schönen Seele schmeichelt. Im Wiederholungstraum von der Unauffindbarkeit der Menschen, die ihren Tod nur so lange überleben, als unser Gedächtnis ihnen in unserer eigenen täglichen Existenz ihren Platz sichert, äußert sich vor allem unser angstvolles Staunen über unser Vergessen und die Ohnmacht, ihm zu wehren. Das Gesetz des Lebens ist hart gegenüber den Toten. Es bringt Kinder, Enkel und neue Freunde in unser Dasein, aber auch neue Sorgen und neue Leiden, an denen wir schließlich selber sterben werden.

Es ist ein vielfach variierter Aberglaube, daß die Verblichenen unter den Lebenden weilen, bis man sie zu Grabe gebracht und mit Gebeten von ihnen Abschied genommen hat. Erst nachher sind sie wirklich die *Abgeschiedenen.*

Nicht selten erinnern mich nächtliche Reflexionen und Träume daran, daß es lebende Abgeschiedene gibt, denen wir selbst Abgeschiedene geworden sind, leibhafte Gespenster. Sie und wir sind Hinterbliebene einer erloschenen Freundschaft, einer zerschlissenen, schließlich wie Sand verstreuten Liebe. Jeder war für den andern ein Mittelpunkt gewesen – viele Wochen, Monate, Jahre lang; alles wurde auf ihn bezogen, alle ängstlichen und freudigen Erwartungen. Der *Gewesene,* in der selben Stadt, vielleicht in der zweiten Nachbarstraße wohnend, ist so gleichgültig geworden wie der geschmolzene Schnee, der in einem fernen Frühling von der Erde aufgesogen worden ist. So nahe und doch abgeschieden für alle Ewigkeit wie die Toten – so sind wir ihnen, so sind sie uns. So sind wir alle wandelnde Friedhöfe und tragen manch lebenden Toten in uns eingesargt.

Weit öfter als an diese denke ich an die Gestorbenen zurück. In dieser übermäßigen, doch nicht überflüssigen Wachheit sind sie mir zuweilen so gegenwärtig, als wäre das Schweigen, das uns umgibt, nur die lange Pause eines Gesprächs – wenn Worte einen Nachklang finden, der uns verstummen läßt.

Die Stadt erwacht, noch bevor das nächtliche Dunkel dem Morgen gewichen ist. Das Motorgeräusch der Last- und Personenwagen vermengt sich allmählich mit dem von ihnen erzeugten Widerhall auf dem Boulevard und der Durchgangsstraße, zwischen denen unsere Straße liegt. Bald hat sich das Ohr wieder daran gewöhnt, ich vernehme es nicht mehr. Nun lausche ich den Frühnachrichten eines Langwellensenders. Seit einiger Zeit bemühen sich der Mann und die Frau, die da von 5 Uhr früh bis 9 Uhr ihren Dienst tun, die Hörer durch Späße fröhlich zu stimmen, sie so für den neuen Tag zu ermuntern, selbst wenn er trübe und regnerisch beginnt, selbst wenn die halbstündlich wiederholten Nachrichten ganz und gar nicht erheiternd sind. Manche Sender streuen gesprochene und gesungene Reklametexte ein, die Tabletten gegen Kopfschmerz oder Verstopfung, Schlafzimmereinrichtungen und reich illustrierte Modejournale verführerisch anpreisen.

Es gibt Ansagerinnen, denen es gelingt, hörbar zu lächeln, andere lachen, glücklich über die Freude, welche die von ihnen angepriesenen Artikel uns verschaffen werden. Mein Tag beginnt damit, daß ich geduldig auf die Nachrichten warte, die zwischen den Reklametexten durchsikkern.

Es will mir noch immer nicht gelingen, mich mit dem Lauf der Dinge in der Welt abzufinden. Noch immer verhalte ich mich, als ob es unerläßlich wäre, daß ich ohne Verzug alles erfahre und deute. Doch selbst als ich noch politisch aktiv war, kam es niemals darauf an, daß ich von den Ereignissen sofort Kenntnis erhielt. Eben weil ich in meiner Jugend gelernt hatte, die Bedeutung politischer Vorgänge zu ermessen, konnte ich mühelos der Lockung widerstehen, die eigene Rolle zu überschätzen. Das Gefühl der eigenen Verantwortlichkeit aber hat mich immer beherrscht. Erst jetzt, im hohen Alter, will es mir hie und da, jedoch zu selten gelingen, ein beinahe gleichgültiger Zeitgenosse zu sein. Im Augenblick, da ich die Enklave des Schlafs verlasse und den schützenden Egozentrismus des Schläfers aufgebe, fühle ich mich nach wie vor beansprucht, angefordert – dies, obschon ich keiner Partei, keiner Bewegung mehr angehöre.

Als ich im Jahre 1937 mit dem stalinschen Kommunismus brach, glaubte ich, daß ich fortab politisch ein lebender Leichnam würde bleiben müssen. Das war ich auch einige Zeit, aber ich bin es schon seit langem nicht mehr. Das politische

Niemandsland ist meine Heimat, ich teile sie mit anderen Franktireuren, meinen Gefährten im Kampf gegen alle Ideologien.

ZEITGENOSSEN

In den ersten Morgenstunden eines Sonntags im Jahre 1927 riß mich ein Nachtbummler aus dem Schlaf. Dieser untätige Sohn einer wohlhabenden Familie, ein vielversprechender Philosoph, war wie ich ein Stammgast des Café Herrenhof in Wien. Nun kam er nach einer in tiefer Bestürzung schlaflos verbrachten Nacht, um mit mir einen quälenden Zweifel zu teilen: Ein Kosmologe hatte ihn einige Stunden vorher davon überzeugt, daß die Erde nur noch wenige tausend Jahre um die Sonne kreisen würde, ehe sie Opfer einer Katastrophe im Weltraum werden müßte. Auf meine unfreundliche Frage, ob er mit dieser Nachricht nicht bis zum Abend hätte warten können, erklärte er, daß es sich nicht so sehr um den Niedergang des Planeten als um ein fundamentales politisches Problem handle: »Wenn nämlich die Spezies Mensch nur noch einige tausend Jahre zu leben hat, dann müssen wir uns ernsthaft fragen, ob es sich überhaupt noch lohnt, eine Revolution vorzubereiten und den Sozialismus zu erkämpfen.« Zuerst verblüfft, dann lächelnd blickte ich dem Mann ins Vogel-

gesicht und fand, daß er es ernst meinte. Es gelang mir recht bald, ihn halbwegs zu beruhigen. Im Hinblick auf die begrenzte Dauer der individuellen Existenz lohnte es sich durchaus, selbst für einige tausend Jahre die gesellschaftlichen Verhältnisse doch noch von Grund auf zu verbessern.

In den Stunden, die ich wach, allzu wach zwischen Nacht und Tag verbringe, denke ich auch gerne an die vielen Käuze, die immer wieder in meinem Leben aufgetaucht und dann fast unmerklich verschwunden sind. Ihnen allen bin ich dankbar geblieben, nicht nur weil sie mich oft genug erheiterten, sondern weil ich von ihnen oder noch öfter an ihnen etwas gelernt habe, was man als *laterale* Wahrheit oder Weisheit bezeichnen kann. Jener Doktor P. verfehlte recht häufig den Kern der Probleme, über die wir diskutierten, aber er fand stets mühelos den *Mittelpunkt der Peripherie,* denn im Grunde interessierte sich dieser geistvolle Mann nur für die Rand- und Grenzgebiete. Er wollte das Unmögliche: den Schatten beleuchten, um ihn deutlicher beobachten zu können. Das erklärt, warum er, ein sorgloser Privatier, jeden Tag zumindest einen Grund fand zu verzweifeln. Übrigens vergaß er ihn recht bald und ersetzte seine Verzweiflung durch eine andere, die ebenso töricht war. Der Verstand dieses verwöhnten dreißigjährigen Kindes war so ungeduldig wie sein Herz. Er konnte nicht warten und wollte es auch nicht.

An ihn, von dem ich seit Jahrzehnten nichts gehört habe, wurde ich erinnert, als ich vor dem Einschlafen die Niederschrift eines Gesprächs las, das Siegfried Lenz und ich im Frühjahr 1979 vor einer Fernsehkamera improvisiert haben. Beinahe überrascht las ich nun die Äußerung, mit der ich dieses durch unsere Freundschaft geprägte Gespräch beendet habe: »Ja, ich gebe zu, ich lebe seit Jahrzehnten immer wieder in großer Verzweiflung. Da ich ein lebensfreudiger Mann bin, klingt das merkwürdig. Wenn ich jedoch als ein sehr aufmerksamer Zeuge sehe, welche vermeidbaren mörderischen Irrtümer nicht nur begangen worden sind, sondern noch immer begangen werden, und den Jubel der Menschen höre, die so zu Komplizen der Verbrecher werden, fühle ich tiefe Verzweiflung.«

Mir ist wie so vielen, die in diesem Jahrhundert lange genug gelebt haben, von Kindheit an schwer erträgliches Leid zuteil geworden. Und, wie viele andere, habe ich es nur schlecht und recht überwunden. Die tiefe Entmutigung aber, jene, die mir manchmal die Sehnsucht nach einem schnellen Tode eingab, ist immer wieder durch das allgemeine, politische Geschehen hervorgerufen worden. Mir war es zuweilen, als ob man mich durch Finsternisse jagte, deren Ende ich nicht erleben sollte.

Dies mag um so sonderbarer erscheinen, als ich zwar seit meinem Knabenalter von der Politik stürmisch bewegt war, aber niemals in ihr das Bild meiner Zukunft gesucht habe. Meinesgleichen erwog niemals, eine politische Laufbahn einzuschlagen, Abgeordneter, Minister oder Volkskommissar zu werden. Nur jene Führer der Sowjetunion imponierten uns, die wir als Denker und auch als *wegweisende Tagträumer* betrachten durften. Trotzki an der Spitze der Roten Armee, das fanden wir erstaunlich. Aber wir bewunderten ihn wegen seiner Reden und Schriften und nicht wegen der begeisternden Siege, die ja nicht nur er, sondern vor allem das revolutionäre Volk errungen hatte.

Gewiß, wir räumten der Politik einen ungewöhnlich breiten Raum ein; ihretwegen studierten wir eifrig Geschichte und politische Ökonomie, ihretwegen informierten wir uns über alles, was die Lage der Arbeiter und Bauern, was die wirtschaftliche und politische Entwicklung in allen Ländern des Erdballs anbetraf. Wir diskutierten ständig, wir redeten uns den Mund »fusselig«, aber wir sprachen auch über alle Künste, über Literatur, über die Relativitätstheorie, die einige unter uns wirklich verstanden und erklären konnten, und über die Atomphysik, die so Ungeheures wie die Verwandlung der Wüste in Felder und Gärten zu versprechen schien. Und natürlich über jede Gesellschafts- und Geschichtsauffassung: über Spenglers *Untergang des Abendlandes* und über das erwachende Asien; schließlich über den Expressionismus in der Dichtung und in der Malerei. Gewiß, von der Politik war oft die Rede in unseren Debatten, die sich nicht selten in heftige Auseinandersetzungen verwandelten, aber die Politik ging uns nur an, weil sie uns eine die nahe Zukunft betreffende, höchst verführerische Gewißheit brachte: Jene, die in diesem Jahrhundert geboren waren – also *wir*, werden die gesellschaftlichen Verhältnisse umwälzen, die materielle und geistige Existenz der Menschheit planetarisch völlig neu gestalten. Diese Hoffnung beherrschte all unser Denken, sie war ein Versprechen, das zu verwirklichen wir von der *Logik der Weltgeschichte* berufen, ja gezwungen waren. Wir wußten, daß wir keineswegs die erste Generation waren, der solche Zukunft versprochen worden war, aber wir hatten das erträumte Glück, gerade in unserer Zeit zur Welt gekommen zu sein: nämlich nicht zu früh wie die anderen und gewiß nicht zu spät.

Man weiß, wie allumfassend diese Hoffnung seit jeher gewesen und geblieben ist; wie vernichtend sie geworden ist, darüber habe ich wie so viele andere geschrieben – und zwar mit einem politischen Mißerfolg, der sich im Laufe der Jahre zwar vermindert hat, aber im wesentlichen fortdauert:

»Meine Bücher werden jetzt mehr gelesen als vor dreißig Jahren, es ist zum Teil eine neue Generation, die sie liest. Und es ist heute gefahrloser, sie zu verstehen. Wenn die Wahrheiten, die man vorbringt, am notwendigsten sind, findet man selten die Ohren, an die sie sich richten. Sie werden erst gehört, wenn die Irrtümer inzwischen zu zerbröckeln begonnen haben. Das aber ist eine Farce, eine Situation für die Komödie unseres Lebens, die nicht immer erheiternd ist.«

Nun, was ich da recht gelinde als eine nicht erheiternde Farce bezeichnet habe, nährt eben jene Verzweiflung, die schon 43 Jahre lang, seit dem Bruch mit der noch immer als kommunistisch bezeichneten Bewegung, mein Leben begleitet. Nein, es geht hier nicht um enttäuschte, vernichtete Hoffnungen. Nur Narren und wollüstige Genießer des Selbstmitleids bleiben ein Leben lang untröstliche Witwer der verlorenen Illusionen, die ihnen lieber und notwendiger gewesen waren als die Wahrheit. Wir aber, die jungen Leute der zwanziger Jahre, waren Revolutionäre geworden aus wahrhaft bedrängenden sozialen Gründen; aber in gleichem, wenn nicht noch höherem Maße, weil wir während des Krieges die Verknechtung, die Unterdrückung und den skrupellosen Mißbrauch der Wahrheit wie eine unerträgliche persönliche Demütigung und Herausforderung erfahren hatten. Und siehe da: Nur wenige Wochen nach dem Ende des Weltkrieges sahen wir, daß in den besiegten wie in den siegreichen Staaten die gleichen Wahrheitsfeinde wieder am Werke waren. Wir bekannten uns zu der von Trotzki und Lenin errichteten Sowjetunion, weil sie in unseren Augen der Staat war, der niemals an irgendeiner Verzerrung der Wahrheit ein Interesse haben könnte, der einzige, dem jede Wahrheit, auch die kühnste, nur förderlich sein konnte. Allerspätestens im Jahre 1936 wurde es offenbar, daß das Regime, welches sich auf die

Oktoberrevolution berief, eine mörderische Diktatur der allesbeherrschenden Lüge geworden war.

Es ist bisher keiner Religion gelungen, ohne einen Todfeind auszukommen, ohne einen Teufel, der zwar gegenüber Gott ohnmächtig bleibt, aber gegenüber den Menschen beinahe allmächtig ist. Jeder Glaube ist absolutistisch, jeder Absolutismus ist manichäisch. Ohne den Teufel würde Gott in der Flut seiner täglichen Mißerfolge untergehen und ganz allein die Schuld dafür tragen müssen, daß sein Ebenbild, der Mensch, sündig wird, das Übel sät und das Unglück erntet. Die totale Macht muß sich immerfort der Verantwortung für jene Geschehnisse entledigen, die ihre eigene Unzulänglichkeit, Unfähigkeit und Unverläßlichkeit vor aller Augen zu enthüllen drohen. Wer den Anspruch auf Unfehlbarkeit erhebt, muß den Glauben an sie erzeugen oder erzwingen. Daher wird er zum Feind der Wahrheit und zum Mörder der Freiheit.

Julien Benda, ein seinerzeit recht angesehener französischer Schriftsteller, klagte im Jahre 1927 die französischen Intellektuellen an, Verrat am Geiste verübt zu haben, indem sie sich während des Krieges politisch engagiert und im Interesse der Machthaber Meinungen verbreitet hätten, die weder philosophisch noch wissenschaftlich fundiert gewesen wären. Mir scheint es aufschlußreich, daß dieser gleiche Mann, zwanzig Jahre später, sich im hohen Alter dazu bewegen ließ, als durchaus unwissender Kronzeuge gegen die Angeklagten im Rajk-Prozeß öffentlich Stellung zu nehmen. Hitler war schon zu Asche geworden, Benda aber blieb ein Opfer der *falschen Alternative:* Faschismus oder Kommunismus. Wäre der Neunundachtzigjährige nur einige Monate später gestorben, so wäre er durch die Mörder Rajks, die dessen Unschuld nicht mehr bestritten, Lügen gestraft worden. Mag sein, daß selbst die ungarische Oktoberrevolution ihn von seinem Aberglauben an jene *falsche Alternative* nicht befreit hätte, der sich gleich ihm zahllose Intellektuelle ohne Zwang auch heute noch unterwerfen. Sie glauben beinahe an nichts mehr, aber dieser Aberglaube ist ihnen heilig.

Ein seiner Sinne mächtiger Mensch kann nicht in der gleichen Sache von derselben Person zweimal getäuscht oder betrogen werden. Das erste Mal ist er gleichermaßen das Opfer des Betrügers und des eigenen Vertrauens, das zweite Mal aber begeht er einen – nicht immer bewußten –

Selbstbetrug. Wiederholt sich dieser Vorgang mehrmals, so liegt nicht Mangel an Vorsicht oder ein Versagen der Vernunft vor, sondern der unhemmbare Wunsch, in der Täuschung hartnäckig zu verharren.

Ich erinnere mich an Gespräche, die ich in Deutschland zwischen 1930 und 1932 mit jungen Nazis und nicht mehr jungen Nazisympathisanten noch ohne gegenseitige Feindseligkeit führen konnte. Damals erfuhr ich zum ersten Mal aufs eindringlichste, was das ist: sprachlos bleiben. Da diese Diskussionen in meiner Wohnung stattfanden, konnte ich leicht zu Büchern greifen, dank denen die umstrittenen Tatsachen, auf die ich mich berief, überprüft werden konnten. Das und so viele andere verifizierbare Argumente – alles blieb ohne sichtbare Wirkung. In manchen Fällen erwies es sich, daß die Worte für meine Gesprächspartner nicht die gleiche Bedeutung hatten wie für mich, wie für das Wörterbuch. Am Ende, als sie sich die logische Schwäche, ja die Unhaltbarkeit ihrer Position nicht mehr verhehlen konnten, erklärten sie, daß sie ihrer Sache nach wie vor unerschütterlich sicher wären, mir aber anderseits nicht die Urteilskraft absprechen wollten und auch nicht den redlichen Willen, Andersmeinende zu verstehen. Was mir jedoch fehlte, wäre eben das Wesentliche, das *rassische Empfinden* und mit ihm die Fähigkeit, H. St. Chamberlains *Grundlagen des 19. Jahrhunderts,* Adolf Hitlers *Mein Kampf* und Alfred Rosenbergs *Mythus des 20. Jahrhunderts* zu verstehen.

Keinen einzigen dieser herausfordernd selbstsicheren Gesprächspartner habe ich seit 1933 wiedergesehen, aber ihresgleichen überall getroffen, allerdings nach 1945 in geringerer Zahl. Sie hatten auf Sieg gewettet und ihn jahrelang beinahe mühelos eingeheimst. Die Niederlage mußten sie erleiden, jedoch weigerten sie sich, deren wahre Gründe zu begreifen. Sie bekannten sich nicht mehr zu ihrem Recht auf Gewalt, sondern zu einer – nicht immer aufrichtigen – Skepsis, sofern sie nicht alle unwillkommenen Erinnerungen an Menschen und Ereignisse, an eigene Worte und Taten so völlig desaktualisierten, daß sie behaupten konnten, sie selbst wären damals nicht sie selbst gewesen. Wurde ihnen die Tatsächlichkeit ihrer Verbrechen unwiderlegbar bewiesen, so beriefen sie sich auf den Befehlszwang, unter dem sie sie verüben mußten, wollten sie nicht ihr eigenes Leben gefährden. Statt Reue empfanden sie häufig grenzenloses Selbstmitleid und erwarteten, daß man mit ihnen leide.

Es ist wahr, wer unter den Bedingungen einer totalitären Diktatur leben muß, darf nicht so beurteilt werden wie einer, der frei ist, zu tun oder zu lassen, was er will, also auch nein zu sagen oder sich nach Belieben der Stimme zu enthalten. Jenen Söhnen und Töchtern, die ihre Eltern so streng richten, weil sie sich den Nazis angepaßt haben, darf man Selbstgerechtigkeit vorwerfen. Natürlich geht es hier nicht darum, jene schuldig gewordene Generation zu verteidigen, sondern nur darum, all jene, die nie unter einer Gewaltherrschaft gelebt haben, daran zu erinnern, daß ihre Schuldlosigkeit kein Beweis für ihre Unschuld, für ihre charakterliche und geistige Kraft zum Widerstand ist.

Julien Benda war gewiß schuldlos während beider Kriege, aber er hat sich später aus freien Stücken, aufgrund einer souveränen Entscheidung schuldig gemacht wie so viele Intellektuelle, von denen hier noch die Rede sein wird. Aber warum tat er es, warum tun sie es?

Über all das denke ich seit Jahrzehnten nach. Es gibt kaum eine Antwort, die mir entgangen wäre, keine, die ich nicht ernsthaft in Betracht gezogen hätte, gleichviel ob ich sie selbst gefunden oder ob sie mir als Erklärung im friedlichen Gespräch zuteil geworden wäre. Keine hat mich überzeugt, jede hat in mir jene Ungeduld hervorgerufen, mit der man die wiederholten Unwahrheiten eines Süchtigen anhört, der sich mit allen Mitteln das Gift zu verschaffen sucht.

Die nächtlichen Stunden des Wachseins sind zu lang – sie erwecken in mir das Mißbehagen des Kämpfers, der des Kampfes und seiner eigenen Gegnerschaft müde zu werden droht. Und dem davor schaudert, daß er den Gegner hassen könnte, wenn alle Hoffnung, ihn zu überzeugen, entschwände.

Habe ich möglicherweise Feinde – ich weiß nicht, wer sie sind oder sein könnten –, so bin ich meinerseits niemandem feind, jedoch recht vielen ein Gegner. Mich schmerzt häufig genug, es gegenüber Menschen sein zu müssen, die ich schätze, deren Freundschaft mir lieb wäre, wenn sich zwischen uns nicht ein zwar leicht zu beseitigendes, aber leider nicht beseitigtes Hindernis erhöbe. In *Combat,* einer seinerzeit von französischen Intellektuellen viel gelesenen, einflußreichen Zeitung, habe ich im Februar 1951 unter dem Titel *Die Prä-Okkupierten* einen Artikel veröffentlicht, dessen letzter Satz lautete: »Es wäre der schmerzlichste aller unserer Mißerfolge, wenn es uns nicht gelänge, jene zu überzeugen, die unsere Freunde sein könnten.«

In Zeiten der Gewalt, des allgemeinen Unglücks ist es beinahe ein Glück, von Leuten angefeindet zu werden, die man aus triftigen Gründen verabscheuen muß. Im Unterschied zum Ersten

Weltkrieg, der über alle Nationen ein von keinem Volk verdientes Unheil verhängte, ging es im Zweiten Weltkrieg darum, einen Feind niederzuschlagen, der den Krieg gepriesen, herbeigewünscht und ihn schließlich unvermeidlich gemacht hatte. Der Herrschaft der Hasser und ihrer entmenschenden Niedertracht ein Ende zu setzen, war ein Gebot der Notwehr.

Es ist jedoch leidvoll, Menschen anzugreifen, denen man nur vorwirft, zu irren und störrisch darin zu verharren, da diese ihrerseits glauben müssen, daß diesen Vorwurf am ehesten jene verdienen, die ihn gegen sie erheben. Man muß in der Tat stupid sein, um sich jedem Zweifel an der eigenen Sache hermetisch zu verschließen und sich im Kampfe der Ideen nicht beinahe täglich zu befragen: »Und wie, wenn wir nicht, jedenfalls nicht in allem recht hätten?«

Was mich vor der Verführung zu dem Glauben an das Absolute bewahrt hat, war eben diese Frage, die jeder immer wieder an sich selbst stellt, der davon ausgeht, daß die Gegner keineswegs dümmer sind als er selbst, ja daß sie ebenso guten Glaubens und guten Willens sein mögen wie er und seinesgleichen.

Obschon es offenbar ist, daß man viel mehr Aufmerksamkeit erweckt, wenn man im Kampfe der Ideen *personalisiert* und jeden mit Namen bezeichnet, gegen dessen Auffassungen und Taten man polemisiert, habe ich es beinahe immer vorgezogen, die schlechte Sache und nicht ihre Vertreter persönlich zu attackieren. Einer der Gründe solcher Zurückhaltung ist für mich die psychologische Gewißheit, daß der Mensch weit mehr ist all seine Meinungen und Taten zusammengenommen. Der zweite Grund liegt nahe: In der öffentlichen Debatte handelt es sich fast niemals um die Stellung eines Einzelnen, sondern um die Position einer Gruppe oder einer Partei, für die der Einzelne gemäß einem Auftrag oder aus eigener Initiative sich einsetzt. Man mag ihn deshalb bekämpfen, seinen Einfluß zu vermindern suchen, doch gibt es keinen Grund, sein Selbstgefühl zu kränken.

Zweifellos errieten die Leser des *Combat* ohne Mühe, wen ich angriff, daß ich somit Jean-Paul Sartre und seine Gesinnungsgenossen meinte und sie als jene Gegner betrachtete, die unsere Freunde hätten sein müssen.

Ich begegnete Sartre erst im Frühjahr 1946. Nichts ließ damals die Vermutung aufkommen, daß er über die Weltlage und besonders über den Stalinismus anders dachte als ich oder als Arthur Koestler, mit dem er sich besonders gut zu verstehen schien, oder mit seinem jüngeren Freund Albert Camus. Wenn wir allein waren, erwogen wir vornehmlich Fragen, die die wissenschaftlichen Ansprüche des Marxismus betrafen und noch öfter das psychische Phänomen der Entfremdung und Selbstentfremdung, das ich bereits im Jahre 1934 recht ausführlich in einem Buch behandelt hatte. Der Lektor, der es ein Jahrzehnt vorher angenommen hatte, hatte Sartre über meine Bemühungen um eine marxistische Individualpsychologie informiert. Überdies hatte ihm Koestler, der damals häufig nach Paris kam, wohl ausführlich von mir erzählt.

Vor dem Kriege durch seinen Roman *Der Ekel* bekannt geworden, erreichte Jean-Paul Sartre den ersten Höhepunkt seiner Laufbahn als Bühnendichter und Philosoph erst unmittelbar nach Kriegsende. *Das Sein und das Nichts,* das Manifest seines Existentialismus, war in aller Munde, doch fand es weit mehr Käufer als Leser, obschon beinahe jeder Intelligenzler vorgab, es von der ersten bis zur letzten Zeile »verschlungen« zu haben. In Cafés und Salons sprach man von ihm, dem berühmten Philosophen, man berief sich auf ihn in allen Diskussionen, ja man verlieh der Lebensweise einen existentialistischen Stil, was auch immer damit gemeint war. Damals wurde der vierzigjährige Gymnasialprofessor und Schriftsteller auch von jenen, denen die Philosophie nichts bedeutete, als »Maître à penser«, als Lehrmeister des denkenden Menschen und als

Begründer einer Lebensphilosophie grenzenlos bewundert.

Im persönlichen Verkehr erwies sich Sartre als überaus freundlich, ja herzlich; er war in Sprache und Gebärde von jeder Pose frei. Sein Erfolg war ihm nicht zu Kopf gestiegen, seine Umgangsformen änderten sich auch später nicht, als er in der ganzen Welt so berühmt wurde, daß Intellektuelle und fortschrittliche Bürger sich in allen Dingen nach ihm zu richten begannen.

In den Jahren, da wir einander öfter trafen, war er ein entschiedener Gegner jeder Diktatur, auch der stalinschen, ein Feind all dessen, was die Freiheit der Person einengen oder gar gefährden konnte. Er hatte sich vor dem Kriege für Politik kaum interessiert. Zur Zeit, als Hitler die Macht ergriff und zur Diktatur ausbaute, verbrachte er ein Studienjahr in Deutschland, ohne des »nationalen Umbruchs« recht gewahr zu werden. Später, im besetzten Frankreich, fühlte er sich mit der Résistance solidarisch; politisch interessiert, suchte er fortab, die Vereinbarkeit seiner Seinsphilosophie mit dem Marxismus zu beweisen. Er bezog sich auf die philosophischen Frühschriften von Marx und Engels, als er tastend seine Stellung zum historischen Materialismus und zur Dialektik genauer bestimmen sollte. Dieser emsige Leser wußte nur sehr wenig von der Geschichte der Arbeiterbewegung, der Parteien und

Gewerkschaften. Später neigte er immer dazu, das Proletariat mit der kommunistischen Partei und diese mit der Sowjetunion und schließlich mit Stalin zu identifizieren.

Gleichviel worüber Sartre schrieb: dank seiner überragenden Gabe, alles, auch das Kompliziertestes meisterlich zu erklären und das Abwegigste überzeugend darzulegen, gelang es ihm leicht, jene ins Unrecht zu setzen, die anders dachten als er. Während vieler Jahre blieb er der wirksamste intellektuelle Propagandist der stalinschen und poststalinschen Politik, ohne der kommunistischen Partei beizutreten. Mit einer bestürzenden nachtwandlerischen Sicherheit machte er sich jeden Irrtum zu eigen, dem er auf der Seite jener begegnete, die er als die wahre Linke, als das echte Proletariat betrachten wollte.

Er schrieb damals und wiederholte gegenüber seinem Gefährten Maurice Merleau-Ponty, der sich von ihm wegen seiner Politik abwandte: »Der Antikommunist ist ein Hund, davon komme ich nicht ab, davon werde ich niemals abkommen.« Man weiß, daß wer auch immer im politischen Widerstreit den Gegner entwürdigend mit Tiernamen belegt, in Gefahr gerät, den Weg zu einer Politik der totalen Niedertracht zu beschreiten . . .

Ich dachte oft an Jean-Paul Sartre in den letzten fünfzehn Jahren, während deren sein politischer Einfluß sich fortwährend verringerte und schließlich fast versiegte. Er geriet zwar niemals in Vergessenheit, wurde aber in die Peripherie abgedrängt. Aus dieser trat er trotz seiner körperlichen Hinfälligkeit und seiner beinahe völligen Erblindung immer wieder, aus eigener Initiative oder unter dem Einfluß jüngerer Freunde, in auffälligster Weise hervor: so als er sich zum Terroristen Baader ins Gefängnis führen ließ, um eine Erklärung abzugeben, deren Inhalt natürlich im voraus feststand. Seinen Namen wie den seiner Lebensgefährtin Simone de Beauvoir fand man unter zahllosen Protest- und Solidaritätserklärungen. In der allerletzten Zeit tauchte jedoch sein Name überall da auf, wo man zugunsten der Flüchtlinge aus Vietnam oder aus Kambodscha Manifeste herausgab und wo man gegen die sowjetische Invasion in Afghanistan, gegen die Teilnahme an den Moskauer Olympischen Spielen und gegen die Verfolgung der Dissidenten der Sowjetunion entschieden protestierte.

Sooft ich Sartre in diesen Jahren in einem Restaurant oder in einer der Straßen unseres Quartiers gewahrte, erschütterte mich sein Anblick und erfüllte mich mit Besorgnis um den übermäßig gealterten, hinfälligen Mann, der unbegleitet eine Straße überquerte. Er trug niemals den weißen Stock der Blinden, der die Autofahrer zur Vorsicht mahnt.

Seit 1950 haben wir einander nicht mehr gesprochen. Vor etwa zehn Jahren geschah es in einem Restaurant, daß unsere Blicke einander kreuzten, im Augenblick, da ich meinen Platz einnahm. Wir erhoben uns beide gleichzeitig, wie um aufeinander zuzugehen, doch ließ sich jeder sogleich wieder auf seinen Sitz fallen – wie knabenhaft beschämt durch die eigene Spontaneität.

Daß Jean-Paul Sartre einer der weitaus bedeutendsten Geister dieses Jahrhunderts war, habe ich nie bezweifelt. Und auch in den seltenen Fällen, da ich öffentlich gegen ihn polemisierte, habe ich dies stets betont. Und eben deswegen habe ich ihm heftiger als allen anderen aufs entschiedenste übelgenommen, daß er während so langer Zeit, wenn auch mit dialektischer, in der Tat skrupellos sophistischer Selbstrechtfertigung die Rolle des falschen Zeugen spielte zugunsten des ungeheuerlichsten politischen Betrugs, den es – abgesehen von religiös-sektiererischen Irreführungen – je gegeben hat.

Sartre und die Seinen wußten, daß die Opfer der Moskauer, Sofioter, Budapester, Prager und so vieler anderer stalinscher Schauprozesse unschuldig gedemütigt und, hohnvoll maskiert, gemordet worden waren. Mit hemmungsloser Lust an der Spiegelfechterei legte er unter Berufung

»auf das Gesetz der Geschichte« dar, daß die Mörder gemäß ihrer Logik berechtigt waren, schuldlos zu morden. Da Stalin die Macht hatte, Bucharin umbringen zu lassen, war das Gesetz der Geschichte auf seiner Seite. Da Bucharin seinerseits nicht imstande war, ihn daran zu hindern, war er im Unrecht. 1950, zwei Jahre nach Stalins Bruch mit Tito, schrieb Sartre: »Tito hat noch nicht das Recht erworben, seine Maßstäbe an unsere Geschichte anzulegen, denn er hat noch nicht vollkommen gesiegt, aber er hat bereits das Recht, die Maßstäbe der anderen abzulehnen, denn er hat nicht verloren . . . Um entscheiden zu können, daß Tito ein Verräter ist, müßte die Sowjetunion in der Lage sein, ihn zu hängen.«

Sartre hat niemals die Existenz des Gulag geleugnet, aber jene hemmungslos bekämpft und herabgesetzt, die diese Wahrheit verbreiteten, denn man mußte, meinte er, unter allen Bedingungen den Glauben des Proletariats an Stalin und an den sozialistischen Charakter der Sowjetunion bewahren. Sartre, der intellektuell einflußreichste und törichteste Propagandist der *falschen Alternative*, verlangte später, daß man zu allem Übel schweigen sollte, das Rußland und die kommunistische Bewegung in der ganzen Welt anrichteten. Und wo es unmöglich war, es zu verheimlichen, galt es, Gründe dafür zu finden, warum es trotz allem notwendig blieb, zu den

Kommunisten zu stehen und ihre Gegner, die »Hunde«, zu bekämpfen.

Ja warum denn, warum dieses Verbot, die Zustände zu zeigen, wie sie sind, warum die Verweigerung des Rechtes auf Wahrheit? Jahre waren seit der totalen Niederlage des Dritten Reiches vergangen, man konnte sich keineswegs mehr darauf berufen, daß jede an der Sowjetunion geübte Kritik dem Faschismus zugute käme. So wurden die Vereinigten Staaten von Amerika als imperialistischer Hauptfeind abgestempelt, dem besiegten faschistischen Feind gleichgestellt. Da aber die objektiv erforschbaren Sachverhalte diesen verleumderischen Behauptungen beinahe in jeder Einzelheit widersprachen, mußten diese Ideologen Deutungen produzieren, welche die *falsche Alternative* auch weiterhin rechtfertigen sollten.

In den Jahren vor Hitlers Selbstmord und vor Stalins Tod habe ich in ungezählten Nächten schlaflose Stunden mit dem einen wie dem andern Tyrannen verbracht. Nicht Haß lenkte die imaginäre Feder, mit der ich gegen sie, aber auch gegen ihre Lobhudler und ideologischen Verteidiger »im Kopfe« schrieb. Wie nach einem unvorhergesehenen, alles vernichtenden Unglück mußte ich, beinahe unter einem Wiederholungszwang, immer wieder fragen: »Ja, wie war all das nur möglich, wie konnte es geschehen?«

In Gedanken fügte ich nach dem Krieg neue Kapitel der *Analyse der Tyrannis* hinzu, diesem Essay, den ich im Jahre 1937 geschrieben hatte. Ebenso richtete ich imaginäre Briefe an jene, die nach wie vor glauben wollten, daß jede Kritik an der Sowjetunion nur eine Provokation im Kalten Krieg, jede Kritik an den demokratischen Ländern aber Notwehr der gerechten Sache, des Kommunismus, war; daß russische Atombomben ausschließlich der Verteidigung des Friedens dienten, die der Amerikaner aber alle Menschen guten Willens bedrohten.

Diese Schreiben galten jenen, die aufrichtig meinten, für eine Sache einzustehen, die des Sozialismus, die ich gleich ihnen als die gute Sache betrachtete. Zu ihnen hatten sich viele gesellt, die der Sieg der Alliierten, besonders aber der russischen Waffen davon überzeugt hatte, daß das »Gesetz der Geschichte« nicht nur Stalin, sondern auch seinen Nachfolgern und Ho Chi Minh, Castro, Mao, Lin Piao den endgültigen Sieg sichere. Sie hatten dieses Gesetz zumeist mit großer Verspätung, nach Hitlers Niederlage bei Stalingrad oder nach 1945 entdeckt.

Ohne jeden Zwang machten sich diese Intelligenzler der freien Welt gehorsamst jede Meinung zu eigen, welche die Moskauer Propaganda als einzig richtige verbreitete. Ob Nassers Ägypten ein faschistisches oder ein friedensfreundliches, fortschrittliches Land war, das entschied die russische Außenpolitik. Ob die diktatorischen Regime der unabhängig gewordenen Kolonialländer sozialistisch oder faschistisch waren, auch das entschied für diese politischen Intellektuellen Moskau und für eine Minderheit Peking.

In einer Psychopathologie politischer Meinungsbildung käme der Mao-Legende eine besondere, beinahe einzigartige Bedeutung zu. Und dies insbesondere deshalb, weil zu ihrer Verbreitung keineswegs nur die äußerste Linke, sondern beinahe die gesamte bürgerliche Presse, die berühmtesten Reporter ebenso wie zahlreiche China-Spezialisten beigetragen haben. »Seit die Welt Welt ist, ist solches nicht geschehen, ist niemandem solche Leistung gelungen«, das schrieb in der meistzitierten Zeitung Frankreichs einer der angesehensten Agrarspezialisten über den »Großen Sprung nach vorne«. Einige Jahre später erklärten die Spezialisten, daß die »Kulturrevolution« die einzige wirkliche, radikale, alles umwälzende Revolution wäre, da sie ja alles, was nicht proletarisch war, auf den so oft genannten

Misthaufen der Geschichte werfe. Und die Vollendung dieser Revolution verlange somit logisch, daß alle überlieferten Kulturgüter, daß alle »bürgerliche« Musik, zum Beispiel die Beethovens endgültig beseitigt werden.

Zur Zeit des Statthalters Gessler gab es niemanden, der glaubte, daß dessen Hut, vor dem sich die Untertanen ehrerbietig verbeugen mußten, eine tiefere magische Bedeutung hätte. In unserer Zeit hat man hunderttausendfach über Maos rotes Büchlein geschrieben, das man bei jeder Gelegenheit in den Händen aller Chinesen sah, als ob es sich tatsächlich um den Inhalt dieser Schrift, um die tiefen Einsichten eines Weisen und Führers handelte. Kulturexperten und Politiker schrieben über den einzigartigen Tiefgang der Kulturrevolution und über ihre gewaltige Auswirkung auf die nahe und ferne Zukunft, indes es offensichtlich war, daß es sich einzig um einen Machtkampf innerhalb der Partei handelte, der unter Pseudonymen geführt werden mußte, weil die monolithische Diktatur zur Voraussetzung hat, daß die Partei unwandelbar und unangreifbar ist. Um sich des führenden Parteiapparates zu bemächtigen, ohne daß der geringste Zweifel an seiner Legitimität und an seiner Unfehlbarkeit entstehe, mußte man die jungen Leute, die Maos Clique mobilisierte, glauben machen, daß sie allein die Nachfolger der Besiegten sein würden. Daher wüteten sie ohne Furcht und ohne Skrupel. Sie hatten kein politisches Programm, das Wort Kultur war ihr Tarnwort. Als diese verführte, verbiesterte Jugend ihre Schuldigkeit getan hatte, wurde sie abgedrängt, abgehalftert, ihre energischsten Vertreter wurden liquidiert, die anderen verschickt und in Frondienst genommen.

Auch ältere Leute bewahren ihre Begeisterungsfähigkeit, sofern unerträgliche Schmerzen sie nicht so herabmindern, daß sich die Welt für sie auf den eigenen quälend gequälten Leib reduziert. Ihnen bleibt dann nur das *negative Staunen* über sich selbst und über die anscheinend gleichgültige Menschheit.

Häufiger als in anderen Jahrhunderten bemächtigt sich in unserer Zeit das *negative Staunen* selbst schon der Kinder, die in Katastrophen und Kriegen erfahren haben, daß in die friedlichste Landschaft, in die vertrauteste Geborgenheit unversehens zerstörerische Kräfte einbrechen können, so daß am lichtesten Morgen die finsterste Nacht anbricht. Da ich eines der zahllosen Kinder gewesen bin, die solchem Entsetzen sehr früh ausgeliefert wurden, kenne ich dieses beunruhigende Staunen, das eine Erklärung heischt:

»Warum ist das geschehen, wozu, wem zuliebe, wem zum Trotz?«

Mich hat das schauderhafte Geschehen nicht gruseln, sondern nur fragen gelehrt und an allem, auch an mir, zu zweifeln. Früh genug kam mir deshalb der Verdacht, daß, wo das Übel und die Not beinahe unüberwindlich werden, es niemanden mehr geben kann, der sich unschuldig dünken dürfte. Daher versuchte ich in den Jahren des Unheils zu begreifen, wie das Nichtseinsollende möglich, wie die Erfüllung der Erwartung zum Unglück werden konnte. Und mich »in mich selber beugend«, mußte ich mir Rede stehen: »Wie konnte ich denn jahrelang fortfahren zu glauben, was offenbar unglaublich, unglaubwürdig geworden war? Wie konnte ich Jahre vergehen lassen zwischen dem Zeitpunkt, da ich alles durchschaut hatte, und jenem, da ich mich endlich der betrügerischen Illusion versagte?« Dieses lange Zögern habe ich in meinem Lebensbericht zu erklären versucht. Ich war nur einer von vielen, die auf einem beängstigend schmalen Grat im Sturmwind standhalten mußten. Wir konnten keinen Schritt wagen, ohne – rechts oder links – in den Abgrund zu stürzen.

Die totale Niederlage Hitlers, Mussolinis und ihrer Komplizen hätte der stalinschen Erpressung ein Ende bereiten sollen. Das aber geschah nicht – im Sinne der *falschen Alternative* teilte die

Kominform-Propaganda die Rolle der Faschisten den »Imperialisten«, den Bundesgenossen von gestern zu, genauso wie die Komintern es nach dem Abschluß des Stalin-Hitler-Paktes in den Jahren 1939 bis 1941 getan hatte. So wurden in allen Polemiken Andersdenkende als Knechte des Imperialismus und überdies als Faschisten verfemt.

Die Generation, die sich etwa fünfzehn Jahre nach dem Ende des Zweiten Weltkrieges der Politik zuwandte und auf einem eigenen Weg, dem schnellsten, wie sie meinte, der alles umwälzenden Revolution zueilte, machte sich dieses Feinddenken zu eigen und fand schließlich so die Rechtfertigung für die politisch sinnlosesten Terrorakte, die in ihrem Namen verübt wurden. Diese Generation, der ihre gehorsamen Lehrer und Theoretiker mit hängender Zunge nachliefen, stand nicht, wie wir seinerzeit, unter der Drohung von übermächtigen Erpressern. In einer alle kindische Maßlosigkeit fördernden Freiheit wählte sie die totale Verfeindung mit allen, die sich ihr entgegenstellten oder ihr nicht folgen wollten.

In den Vereinigten Staaten strebte damals ein Teil der rebellischen Studentenbewegung einem nicht unvernünftigen, erreichbaren Ziele zu: sie wollte sich der Kriegsdienstleistung entziehen und die öffentliche Meinung gegen den amerikanischen Einsatz in Vietnam mobilisieren. Das ist ihr – wenn auch nicht ihr allein, das ist wahr – schließlich auch gelungen. In Europa aber, besonders in Frankreich, in der Bundesrepublik und in Italien verfolgten die Revoluzzer, entschiedene Feinde der großen Arbeiterorganisationen, kein erstrebenswertes, kein erreichbares Ziel. Sie tummelten sich lärmend, verloren sich auf Holzwegen, die sie mit Berufung auf bindungsfreie Intellektuelle, auf »Ideologieproduzenten« als die Heerstraßen der Revolution proklamierten.

Während mehrerer Jahre habe ich oft genug die Stunden zwischen gestern und morgen im Gedanken an diese Jungen, im Widerstreit mit ihnen verbracht – verärgert, nicht selten über die Abwegigkeit verzweifelt und immer häufiger empört über das Getue ihrer erwachsenen Nachläufer, dieser aufrührerischen Schwätzer. Am meisten erregte mein *negatives Staunen* die allseits anerkannte Kulturrevolution sowie die Anti- oder Subkultur, die von allen Medien und in von bourgeoisen Verlegern gewinnsüchtig auf den Markt geworfenen Schriften propagiert wurden. Sie priesen in einer mit Klischees verhunzten Sprache Ideologien als neue Theorien an, welche das überlieferte Wissen sowie alle Forschung als unnütz und kapitalistisch in Verruf bringen sollten.

Die beinahe zwangsneurotische Wiederholung von einem Dutzend Klischees, der Beifall, den sie bei furchtsamen Professoren, bei Schriftstellern und Journalisten fanden, überzeugte die jungen Leute davon, daß sie eine Elite bildeten, daß sie allein alles, ja alles durchschauten und nichts mehr zu lernen hatten. Sie betrachteten sich selbst – ohne falsche Bescheidenheit – als *Bewußtseinsprivilegierte,* die fähig waren, die Geschichte in Galopp zu bringen und dem Proletariat gebieterisch den Weg zu weisen.

Ich habe nur einen Bruchteil dessen, was ich während so vieler Jahre über sie dachte, zu Papier gebracht, in den Äther gesprochen oder publiziert. Sie erregten nicht nur meinen Widerspruch, sondern auch meinen Spott. Wer sich seiner eigenen Jugend genau erinnert, bringt es nie zustande, gegenüber einer neuen Generation wirklich Gleichgültigkeit zu bewahren. Deshalb war der Spott, den sie geradezu selbstherrlich herausforderte, mir selber schmerzlich.

Eine unerläßliche Voraussetzung für unser Wissen ist die Fähigkeit, des eigenen Nichtwissens gewahr zu werden, sowie die Einsicht, daß man es überwinden muß, um der Unmündigkeit zu entrinnen. Die eigene politische Unwissenheit kann man leicht verkennen, die tendenziös gebildete Meinung verhüllt sie und bietet sich als Antwort an, noch ehe die Wißbegier erregt, noch ehe die Frage gestellt worden ist.

Im allgemeinen eignet sich ein jeder das für seine Lebensführung unbedingt notwendige Wissen an. Nur wenn eine unerwartete Veränderung seine persönlichen und materiellen Verhältnisse erschüttert, ist er gezwungen, neue Erfahrungen zu machen, also sein Wissen zu erweitern, um sich der neuen Situation anpassen zu können. Überdies besitzt jeder einige nutzlose, also überflüssige Kenntnisse, die er als Bildung betrachtet und deshalb gerne zur Schau stellt.

In Gefängnissen, Lagern und in der Armee, wo Menschen zusammengewürfelt in unvermeidlicher Distanzlosigkeit nebeneinander leben, wird man Zeuge endloser Gespräche, aus denen man erfährt, daß selbst völlig ungebildete Menschen außer ihren Erlebnissen am liebsten ihr »unpraktisches« Wissen zur Geltung bringen. Die Klugen vergessen nicht, daß dieses lückenhaft ist, die anderen ahnen nicht, wie sehr alle Unwissenheit sich selbst verrät. Macht sich die Verschiedenheit des Bildungsgrades stets bemerkbar, so beeinflußt sie nur selten die Art der Bewältigung praktischer Aufgaben. In der politischen Diskussion aber begegnen einander ein Dummkopf und ein extremistischer Intellektueller auf gleichem Niveau. Dieser weiß zwar mehr als jener, aber seine Kenntnisse bewahren ihn äußerst selten vor politischer Torheit und Verblendung. Der eine wie der andere diskutiert so, als ob es in der Politik nur auf seine zum Dogma erhobene Meinung ankäme, die er vor jedem Zweifel und Widerspruch schützen muß. Nur gemäß dieser unantastbaren Meinung darf man wagen zu bestimmen, was Wahrheit und Tatsache ist oder umgekehrt, was als eine vom Feinde erfundene, »aus schmutzigen Fingern gesogene« Verleumdung entlarvt werden muß.

In den Schlafstuben einfacher Soldaten habe ich weit weniger politische Dummheiten und hirnrissige Deutungen politischer Ereignisse vernommen als im Gespräch mit gewissen Intellektuellen, gleichviel ob sie auf der äußersten Rechten oder der äußersten Linken standen. Aus der überlieferten so gut wie aus der erlebten Geschichte erfährt man, daß Politik das dilettantischste aller Gewerbe ist und daß ihre vorgeblich unanfechtbarsten Regeln sich im Handumdrehen als falsch erweisen können, kurz: daß politische Vorurteile umso leichter Anklang finden, je fragwürdiger sie sind, je mehr sie die Sachverhalte entstellen. Jedoch sind nicht nur sie schuld daran, daß in der Politik die notwendige Einsicht sehr oft zu spät kommt. Diese Verspätungen charakterisieren das politische Leben und bewirken, daß unumgängliche Änderungen selten rechtzeitig beschlossen werden. Die Historiker haben es leichter: sie prophezeien ausschließlich die Vergangenheit. Aber selbst da bleibt die Einsicht unvollkommen und verführt zur tendenziösen Deutung des Vergangenen.

Ja, die Historiker und die heute so zahlreichen Politologen beschreiben und erklären alles, aber häufig so, wie die Afrikareisenden in der bekannten Anekdote einen Elefanten beschreiben, von dem sie durch dickes Laub hindurch jeweils nur ein Stück – den Kopf, Teile des Rumpfs oder das Hintergestell – erblickt haben: als ob jedes dieser Teile ein Ganzes wäre. Ja, beinahe alles politische Wissen ist Teilwissen, das nur im Zusammenhang mit dem Ganzen verstanden werden kann. Pars pro toto – die Neigung, eine Ganzheit auf eines ihrer Teile zu reduzieren, fördert die Parteilichkeit, die Verkennung der Maße, die tendenziöse Denkhast, die dem Vorurteil so förderlich ist.

»Irren ist menschlich« – damit entschuldigt man seit Jahrtausenden unsere höchst merkwürdige Fähigkeit, mit Sinnesschärfe und Verstand uns selbst zu täuschen, den Abendstern im Osten zu suchen und ihn dort auch zu finden, zuversichtlich auf einen trockenen Regen oder einen warmen Frost zu warten. Der Mensch, dieses zielstrebige Wesen, möchte am liebsten zuerst gefunden haben, was er erst suchen müßte. Daher bildet er sich gerne ein, daß er bereits gesucht hat. Im Psalm heißt es: »Jeder Mensch lügt.« Er ist wohl das einzige Lebewesen, das sich selbst so erfolgreich belügt, als wäre es zwei Personen in einem: die täuschende und die getäuschte. Angst und Hoffnung, die eine zumeist so wenig begründet wie die andere, machen den Selbstbetrug möglich, ja häufig unvermeidlich.

Lüge ist der gewollte Irrtum; dieser aber wird als die ungewollte Verkennung oder Verzerrung der Wahrheit betrachtet. Das Ungewollte wird vom Unbewußten gefördert, ja in vielen Fällen erzwungen; also ist der Irrtum in bestimmten Fällen – etwa in der Fehlleistung – weder so unabsichtlich noch so unschuldig, wie er erscheint.

Das Wort Ideologie habe ich früh genug gekannt, doch ist es mir erst in der Mitte der zwanziger Jahre vertraut geworden. Es schien mir stets fehl am Platze, ein Deckwort, das viel zu viel bedeuten sollte und am Ende nichts eindeutig aussagte. Marx, Engels und deren Gefährten bezeichneten alle Berufung auf Ideologie als Kannegießerei, das heißt: als beliebig oft, doch nutzlos gedroschenes Stroh. Für Marx verhielt sich die Ideologie zur aufrichtigen Erforschung der Wirklichkeit wie die Selbstbefriedigung zum fruchtbaren Geschlechtsverkehr. In unserem Jahrhundert der apokalyptischen Massenmorde sind die Ideologen Leute, die totale Deutungssysteme anbieten, vornehmlich solche, die die entmenschende Praxis der totalitären Regierungen durch erhabene Ideen erklären und durch sittliche Ideale rechtfertigen. In jedem Augenblick geht es ihnen um das Schicksal der Menschheit, jede Stunde, meinen sie, ist die der unwiderruflichen Entscheidung. Der Tag, an dem sie sich für die Ereignisse ihrer Epoche zu interessieren beginnen, ist stets der vorletzte, wenn nicht gar der letzte – die Welt liegt im Kreißbett, es ist zugleich der Abenddämmer und die erste Stunde des Morgens, mit der eine völlig neue Zeit, die Verwirklichung der Utopie, beginnt.

Gemäß der Geschichtsauffassung der deutschen Nationalsozialisten war die Geschichte ein Ablauf von Rassenkonflikten und verderblichen Rassenvermischungen, in denen die überlegenen Rassen um die Herrschaft über unterlegene kämpften. Da der Rassenbegriff, auf den sie sich wie in einem Wiederholungszwang beriefen, durch wissenschaftliche Forschungen als durchaus unhaltbar erwiesen worden war, mußten sie immer wieder die Biologie durch eine willkürliche, schon im Ansatz falsche Psychologie ersetzen, die an Stelle wissenschaftlicher Erkenntnis den Rasseninstinkt setzte, der in letzter Instanz entschied, wer zur reinen Rasse gehörte und wem sie trotz allem Anschein aberkannt werden mußte.

Nicht dank dem Rassenmythos gewann Hitler seit 1930, zur Zeit der umfassendsten Weltwirtschaftskrise, Millionen Wähler und nicht dank *Mein Kampf,* auch nicht dank Rosenbergs *Mythus des 20. Jahrhunderts.* Am 30. Januar 1933 siegte nicht eine Ideologie, sondern eine Gruppe von machtgierigen und revanchesüchtigen Nationalisten, die aus dem Sieg der Bolschewiken und Faschisten gelernt hatten, wie man in Zeiten schärfster Krisen eine scheinbar revolutionäre Massenbewegung zum Sieg führt.

In Italien wie später in Deutschland erweckte der Appell an das gekränkte nationale Gefühl tiefe Ressentiments, aber dieser Ruf war weit weniger verführerisch als das Versprechen, nicht nur der Not ein Ende zu machen, sondern möglichst auch mit jenen abzurechnen, die an allem Unglück des Landes schuld waren. In jeder Volksbewegung, und wäre sie von dem lügnerischsten Demagogen angezettelt, ist die Empörung gegen erlittenes Unrecht eine Quelle revolutionärer Energie, die Führer und Geführte vorantreibt. Die Ideologie kommt nach, sie wird dann zu einem Religionsersatz, der die metaphysischen Bedürfnisse der Ungläubigen befriedigen und das schlechte Gewissen der Gläubigen verstummen lassen soll.

Der Sozialismus seinerseits präsentierte sich von vornherein als ein intransigenter Humanismus, gleichviel ob sein Programm evolutionistisch oder revolutionär, ob es anarchistisch oder reformistisch war. Er verkündete, daß »die Wurzel für den Menschen der Mensch selbst sei . . . daß das höchste Wesen für den Menschen der Mensch ist, der alle Verhältnisse umzuwerfen berufen ist, in denen er ein erniedrigtes, ein geknechtetes, ein verlassenes, ein verächtliches Wesen ist«. (Karl Marx.) Daraus ergab sich das Versprechen, Freiheit und Gleichheit für alle zu erobern, die Menschenantlitz tragen, zu welcher Rasse sie gehören, zu welchem Glauben auch immer sie sich bekennen mochten. Diesem Humanismus ist der Glaube an ein verlorenes Paradies fremd. Die Vergangenheit hat kein Vermächtnis hinterlassen, und sie hat nie etwas versprochen. Nur das Tun des Menschen bereitet seine Zukunft vor, die alle Menschen versöhnen wird, oder aber sie werden im Kampf aller gegen alle, in einer letzten Aufwallung der Barbarei untergehen.

Der Sozialismus lehnte »Caesaren und Tribunen« gleichermaßen ab, ebenso die Herrschaft des Staates. Für ihn gründete die Freiheit des Einzelnen in der Freiheit aller und ebenso diese in jener. Dies ist die fundamentale Dialektik des Sozialismus. Ohne sie ist er zur sinnlosen Mühseligkeit des Sisyphus verurteilt, wird er zur Diktatur und sein Versprechen ein gigantischer Betrug.

Um schnell den Sozialismus zu verwirklichen, mußte man die Revolution als ein Mittel benutzen, dessen man sich schnell danach entledigen wollte. Die Oktoberrevolution siegte mühelos in einer Nacht, aber der Bürgerkrieg, den sie auslöste, dauerte mehrere Jahre. Erst nach diesem konnte der Aufbau endlich beginnen, nach der Entmachtung des Staatsapparates sollte der Staat absterben und der ersten humanen Gesellschaft Platz machen.

Jedoch spätestens in den Märztagen des Jahres 1921 verwandelte sich die Revolution in eine permanente Konterrevolution – damals, als Lenin und Trotzki die friedlich vorgebrachten sozialistischen Forderungen der Kronstädter Matrosen mit dem vernichtenden Feuer der Kanonen und Maschinengewehre beantworteten.

Keine zehn Jahre später war Rußland ein sozialfaschistisches Land geworden, mit einem Führer an der Spitze, der, wie Hitler und Mussolini, in allem immer recht hatte und im Namen eines sogenannten Marxismus-Leninismus allen Sowjetbürgern und den Kommunisten in der ganzen Welt eine schlechthin beispiellose Selbstentfremdung aufzwang.

Man behielt die Fahnen der Revolution und wiederholte unablässig ihre Schlagworte, aber alles wurde Falschmeldung, eine *gewalttätige Fiktion* . . . »Die Wölfe hatten sich in den Leib des Pferdes eingebissen, das den Schlitten durch die verschneite Steppe zog. Aus der Ferne, von vorne, mochte man glauben, das Pferd wäre unversehrt geblieben. Es war jedoch längst verendet; die Wölfe, die, ohne im Lauf haltzumachen, an ihm fraßen, zogen den Schlitten, den andere Wölfe geleert hatten . . .«

Wenn ein Autor »Gunst in den Augen« recht zahlreicher Leser gefunden hat, vervielfacht sich die Zahl der Briefe, Einladungen, Manuskripte und Bücher, die ihm die Post täglich ins Haus bringt. Dem Empfänger ist zuerst fast alles willkommen, selbst die Bitten um Autogramme, doch bald genug sieht er ein, daß er selbst bei alledem nur ganz selten gemeint ist. Das Lob schmeichelt ihm nicht, wenn es nicht gerade das ist, welches er braucht, nämlich jenes, das er hofft und wünscht, verdient zu haben, und das ihm mehr abfordert, als er geboten hat. Auf die kritische Zustimmung eines Lesers kommt es an, der das Werk beinahe so gut kennt wie der Autor und es – gleich ihm – bestenfalls als ein Gelingen, aber nicht als wirklich beendet und nicht als vollkommen betrachtet. Nur wenige Briefschreiber wissen, daß ein Schriftsteller, den nur gescheites Lob erfreut, mühelos erkennt, ob jemand, der über sein Buch brieflich oder öffentlich schreibt, es tatsächlich ganz und gründlich gelesen hat. Ach, wenn die Rezensenten wüßten, wie sie ihre Lükken selbst verraten . . .

Nicht wenige dieser Briefschreiber benutzen das Erscheinen eines neuen Werkes nur als Vorwand, um dem Autor recht freundlich vorzuwerfen, daß er nicht geschrieben hat, was sie von ihm erwartet haben. In den meisten Fällen handelt es sich da weniger um Literatur als um Anschauungen über Religion und Philosophie; zwischen den Jahren 1965 und 1975 war viel von Politik, am häufigsten vom Vietnamkrieg die Rede. Manche wollten wissen, warum ich im Unterschied zu beinahe allen nennenswerten Intellektuellen gerade darüber nie etwas schrieb. Selbst wohlmeinende Leser müßten den Verdacht schöpfen, ich wäre »nicht auf der Seite des Vietkong, der so heldisch um die Befreiung Südvietnams vom Joche Amerikas kämpfte«.

Ein bejahrter Mann muß mit seiner Zeit geizen. Ich hatte mich zu entscheiden, ob ich meinen Beruf aufgeben und alle Briefe beantworten oder ob ich Schriftsteller bleiben wollte. Es war jedoch nicht diese Erwägung, die mich dazu bestimmte, weder brieflich noch öffentlich zum Vietnamkrieg Stellung zu nehmen. Jene, die mir nahe standen, wußten, daß ich den Einsatz amerikanischer Truppen in Vietnam als einen furchtbaren politischen Fehler ansah. Im Frühjahr 1964 hatte ich an mehreren amerikanischen Universitäten und in privaten Gesprächen mit Professoren und Journalisten gegen jede kriegerische Expedition Stellung genommen. Meine Gründe waren keineswegs durch eine Sympathie für Ho Chi Minh bestimmt, dessen totalitäres Regime sich seit 1954 als eines der mörderischsten unserer Zeit erwiesen hatte. Im Verhältnis zur Zahl der Einwohner hat es weit mehr Untertanen, vor allem Bauern umgebracht als die stalinsche Tyrannei in der schlimmsten Zeit der Entkulakisierung. Es hat jede abweichende geistige Regung unterdrückt und auf allen Gebieten nichts erlaubt, was es nicht befohlen hat. Im Namen des Marxismus-Leninismus und im Hinblick auf ein zu errichtendes kommunistisches Indochina hat es dem Volke nichts anderes zu bieten vermocht als

Feldzüge und die Misere der Kriegswirtschaft.

Als alter Marxist beurteile ich die Zustände in einem Lande niemals aufgrund dessen, was seine Herrscher, Ideologen und Propagandisten darüber aussagen, sondern nur aufgrund der *tatsächlichen* Lebensbedingungen des Volkes, des Maßes seiner Freiheit und seines Wohlstandes.

Als das Land im Jahre 1954 aufgeteilt wurde, blieb es während einer begrenzten Periode allen Vietnamesen anheimgestellt, ob sie in den anderen Teil des Landes übersiedeln wollten, wenn sie es, gleichviel aus welchen Gründen, familiären, religiösen oder politischen, vorzogen, dort zu leben. Und da stimmten Hunderttausende »mit den Füßen«, um mit Lenin zu sprechen. Sie verließen Nordvietnam, vor allem aus Angst vor der erbarmungslos ausgeübten »Gewalt von oben«; viele von ihnen, Katholiken, wollten überdies ihre Glaubensfreiheit bewahren. Südvietnam garantierte diese Freiheit und andere Freiheiten auch, aber sein Regime war wie in den meisten asiatischen Ländern im Prinzip zwar parlamentarisch, doch nur in beschränktem Maße wirklich demokratisch; es wurde überdies zusehends korrupt. Die Generäle an seiner Spitze wurden zu mächtig, konnten aber weder die offene noch die geheime Opposition beseitigen, noch mit den Partisanen Nordvietnams fertig werden. Südvietnam gegen Nordvietnam zu unterstützen, bedeutete somit keineswegs für dieses Regime zu kämpfen, sondern nur das Land gegen den zugleich großindochinesischen und stalinschen Annexionismus zu verteidigen.

Spätestens seit 1933 gab es nichts, *wofür* man bedenkenlos sein Leben einsetzen mußte, doch konnte man sich nicht der Notwendigkeit entziehen, den Kampf *gegen* aufzunehmen. So verdiente zum Beispiel die von der Tschechoslowakei gegenüber den Slowaken und Sudetendeutschen betriebene Politik scharfe Kritik. Aber gegenüber Hitlers Deutschland mußte dieser Staat mit allen Mitteln verteidigt werden. Das Regime Österreichs und das Polens mußte jeder Demokrat ablehnen, aber die Unabhängigkeit dieser Staaten zu verteidigen, war notwendig und sinnvoll. Und obwohl man nicht für Abessinien war, hatte man dem annexionistischen Italien entschieden entgegenzutreten.

Auch wer heute die Teilung Deutschlands aufs entschiedenste ablehnt und das Regime der DDR verurteilt, müßte jeden kriegerischen Versuch der Bundesrepublik, sich unter den gegebenen Verhältnissen das abgetrennte Gebiet einzuverleiben, als eine unverantwortliche Gefährdung des Weltfriedens enthüllen und bekämpfen.

Vor 35 Jahren gelang es den Alliierten, einen totalen Sieg zu erringen, aber nicht einen vernünftigen Frieden herzustellen. Die durch Rußland direkt oder indirekt erzwungene Zweiteilung Deutschlands, Koreas und Vietnams ist eine Folge dieses Versagens, das Kriege verschuldet hat, die unbedingt zu vermeiden, eine Forderung der Menschlichkeit wie der Vernunft gewesen wäre. Der Einbruch Nordkoreas in Südkorea, der nicht endenwollende Krieg, den das kommunistische Vietnam gegen alle Staaten Indochinas geführt hat und weiterhin führt, bedroht uns alle. Niemand kann ernsthaft bezweifeln, daß der eine wie der andere Nordstaat die »Reunionskriege« nur deshalb entfachen und fortsetzen konnte, weil Stalin es ihnen anbefohlen hatte und Rußland, zusammen mit dem ihm damals noch engstens verbundenen China, dessen Armee als Expeditionskorps benutzen wollte; es waren Etappen ihrer Eroberungszüge. Die Führer der angegriffenen Länder suchten Schutz bei Amerika und erwarteten, daß es die beiden Südstaaten im Kampfe um ihre Selbständigkeit energisch unterstützen und retten würde, so wie es kurz vorher West-Berlin gerettet hatte.

Daß die Vereinigten Staaten dann mit ihrer eigenen Armee in Vietnam eingegriffen haben, war, wie gesagt, ein horrender moralischer, politischer und militärischer Fehler von verderblichster Wirkung. In diesem Falle galt keiner der Gründe, die im Jahre 1950 die direkte Intervention in Korea notwendig gemacht und deren Erfolg gesichert hatten – jedenfalls galten sie nicht mehr seit 1960. Ein unübertrefflich wichtiges Ereignis war nämlich inzwischen eingetreten: das russisch-chinesische Bündnis wurde durch einen dauernden, sich ständig verschärfenden Konflikt abgelöst, der mit den Jahren die russischen und chinesischen Interessen in Ostasien und im ganzen Fernen Osten unvereinbar machen mußte. Und es war vorauszusehen, daß Nordvietnam zum Zankapfel zwischen den kommunistischen Mammutstaaten werden könnte. Diese unerwartete, völlig neue Lage hätte bereits Kennedy durchschauen müssen, aber erst viel später wurden Nixon und Kissinger ihrer gewahr, gingen nach Peking und zogen endlich ihr Land aus diesem Krieg zurück, der inzwischen überall eine politische und moralische Bedeutung ohnegleichen erreicht hatte. Als »imperialistischer Raubkrieg des reichsten Landes gegen das ärmste« weckte er überall das Gewissen von zahllosen Menschen; selbst die Gleichgültigsten ergriffen die Gelegenheit, sich nach den Morgen- und Abendnachrichten über das Verhalten Amerikas zu empören, und die Schlechtesten erfuhren, daß sie im Vergleich zu den Amerikanern jedenfalls die Besseren waren. So zum Beispiel in Deutschland und Österreich, wo linke und rechte Extremisten darin einig waren, daß man von den Vernichtungslagern nicht mehr zu sprechen brauchte, da der imperialistische Genozid in Vietnam weit verabscheuungswerter sei.

Ja, es war undenkbar, daß jemand, besonders in besserer Gesellschaft, auch nur eine Silbe zugunsten der Amerikaner vorzubringen wagte oder auch nur ein Wort zugunsten Südvietnams oder zu Ungunsten Nordvietnams oder des Vietcong. Auch solche, die keineswegs Kommunisten waren, sprachen bewundernd von Ho Chi Minh, dem *Onkel Ho,* und von allem, was in seinem Namen geschah, sowie vom Vietcong, der als demokratische Opposition galt, die ihrem Lande Selbständigkeit und Unabhängigkeit und alle persönlichen Freiheiten sichern würde. Versuchte jemand anzudeuten, daß das angegriffene Land nach dem Sieg der Kommunisten zu existieren aufhören, daß niemand mehr von der »provisorischen Regierung« sprechen würde, so erregte er Unwillen und Zorn; insgeheim oder offen verdächtigte man ihn wohl, ein Agent des CIA zu sein.

Überall: in der Presse, im Rundfunk, im Fernsehen und im Film, überall sprach man von der Korruption des südvietnamesischen Regimes, von der Verfolgung der aktiven Opposition und von der durch die amerikanischen Etappeneinheiten geförderten sittlichen Verderbnis, der man in Saigon auf Schritt und Tritt begegnete. Alle Medien brachten in zahllosen Bildern Beweise der Grausamkeiten, die von der Polizei und den Militärs gegen politische Häftlinge und gefangene Guerilleros verübt wurden. Und sehr vieles davon stimmte, die meisten Bilder waren echt. Doch dokumentierte kaum ein Bild, kaum eine Reportage das Schicksal, das Gegnern und Gefangenen auf der andern Seite zuteil wurde. Das erklärt sich unter anderem auch daraus, daß so viele Photographen und Reporter in Nordvietnam und den von seinen Guerillas besetzten Gebieten spurlos verschwunden sind; sie wurden umgebracht, ehe sie bezeugen konnten, was sie gesehen hatten.

Der französische Krieg in Indochina ist gewiß ebenso grausam gewesen wie dieser. Doch Zensur und militärische Maßnahmen, an der Front wie im Hinterland, erzwangen das Schweigen. Die amerikanische Demokratie aber beeinträchtigte nicht im mindesten das Recht auf Meinungs- und Nachrichtenfreiheit. Wie man weiß, wurde der wütendste Antiamerikanismus täglich, in der Tat pausenlos durch alle amerikanischen Medien, besonders aber durch das Fernsehen genährt. Dank dieser Freiheit konnten überall in der Welt die manichäischen Bedürfnisse eines moralischen Publikums befriedigt werden, das in der täglichen

Empörung seine totale, retroaktive Rechtfertigung fand: *Pur et dur,* rein und hart, so mußte die eine Seite gezeigt werden, grausam und verkommen die andere.

In Kirchen, Hörsäle, Kinos, Theater und Kabaretts – überall drangen die Verteidiger der guten Sache ein und erzwangen das *Teach-in,* das heißt, sie verhinderten, daß gebetet, daß Musik gehört wurde, und bestanden darauf, daß über nichts anderes als über den Krieg in Vietnam gesprochen werde und über die imperialistische Niedertracht der Amerikaner. Sie forderten die sofortige Beendigung des Krieges – unter der Voraussetzung, daß sie der ganzen Welt Amerikas totale Niederlage vor Augen führe. Diese gewalttätigen Friedensfreunde wünschten gleichzeitig sehnlichst, daß sofort viele andere Kriegsherde entstünden: »Wir brauchen zwei, drei Vietnamkriege!« Bei jeder Gelegenheit wiederholten sie diesen Satz, der Che Guevara zugeschrieben wurde.

Nun, all das scheint bereits seit Jahren abgeschlossen zu sein. Obschon die verderbliche Wirkung der *falschen Alternative*, die etwa fünfzehn Jahre lang unangreifbar schien, sich letzthin wesentlich vermindert hat, ist in der Tat nichts vorüber: nicht in Indochina, wo der Vietnam seinen annexionistischen Krieg fortsetzt und nur durch China darin gehemmt wird; nicht in Afghanistan und nicht in so vielen anderen Ländern der dritten Welt.

Mich und meinesgleichen hat das nicht überrascht. Um vorauszusehen, was endlich vor aller Augen sichtbar wird, dazu genügt der unablenkbare Wille zu wissen, was *tatsächlich* geschieht, und nicht zu beachten, was die Propaganda als wahr und wirklich vorspiegelt. Man muß verstehen, was die unaufhörlich verbreiteten Schlag-

und Schlüsselworte bezeichnen, was sie tatsächlich – vorgestern und gestern – bedeutet haben und was sie gegenwärtig bedeuten: Imperialismus, Neoimperialismus, Faschismus, Kommunismus, Aggression, Manipulation, Ideologie, die sogenannte formelle Freiheit der parlamentarischen Demokratie und die sogenannte soziale Freiheit der Diktaturländer.

In jenen Jahren endete für mich kaum eine Nacht, ohne daß ich an diesen grauenhaft nutzlosen Krieg, aber gleichzeitig auch an das Phänomen jener Gewissensmanipulation gedacht hätte, deren willige Opfer damals zahllose Menschen geworden waren, die es mit der Wahrheit gut meinten und denen es ein dringendes Bedürfnis war, im Einklang mit ihrem Gewissen zu leben. Auch deshalb konnte es geschehen, daß sie während so vieler Jahre wie unter dem unerkannten Zwang des Pawlowschen *bedingten Reflexes* reagierten.

Wer gewohnt ist, dem Mitmenschen in die Augen zu schauen, entdeckt in seinem Gesicht oft einen Ausdruck, der die Worte desavouiert, die er gerade ausspricht. »Mit dem Munde lügt er, aber mit dem Maul spricht er die Wahrheit.« Diese Zweigleisigkeit stellt sich insbesondere dann ein, wenn einer etwas sagt, um aufrichtiger, klüger und edler zu erscheinen, als er tatsächlich ist. Die jungen Leute, die unter den Fahnen Nordvietnams eng aneinandergedrückt und wie zusammengekettet mit wilden Rufen »Ho, Ho, Ho Chi Minh« durch die Avenuen europäischer und amerikanischer Großstädte rasten, zeigten nicht die geringste Neigung, tatkräftig, etwa als Frontkämpfer, ihre Solidarität zu beweisen. Und in Ferienzeiten fielen die Demonstrationen aus. Vietnam war ein unvergleichliches Thema und eine einzigartige Gelegenheit zu beweisen, daß man Herz hatte und mit äußerster Energie für die gute Sache, die der Verfolgten, eintrat.

Man lebte und genoß alles in einer Prosperität, die nun schon so lange dauerte, daß sie mit ihrem stetig wachsenden Wohlstand einem so fade wurde wie laues Wasser an heißen Sommertagen. Und die Mitglieder eines gewissen *Club of Rome* gaben der Welt den unerbetenen Rat, das Wachstum der Wirtschaft auf den Nullpunkt herabzusetzen. Mit diesem Rat errangen sie ein Ansehen, das, wie man weiß, nicht lange dauerte, weil bald danach die Weltwirtschaftskrise und mit ihr die Arbeitslosigkeit einsetzte.

Während jener Jahre beantwortete ich keinen der frommen Mahnbriefe, die verlangten, daß ich wie so viele Intellektuelle: Geistliche, Schriftsteller, Journalisten und Schauspieler und andere, daß ich wie *tout le monde* die täglichen Proteste unterschreibe und auch sonst alles für die rasche Beendigung des Krieges in Vietnam unternehme. Wie gewöhnlich schrieb ich nur im Gedanken an diese Gewissensmahner, um sie an die unbestreitbaren, jedoch von ihresgleichen ignorierten Tatsachen zu erinnern und um meinerseits Fragen zu stellen:

»In Indonesien wurden nach dem Putsch des Generals Suharto etwa hunderttausend Kommunisten oder solche, die verdächtigt wurden, es zu sein, öffentlich erniedrigt, eingekerkert und schließlich umgebracht. Die sowjetische Propaganda löste in diesem Falle den *bedingten Reflex* nicht aus, weil diese Kommunisten auf chinesischer Seite standen. Haben Sie und die ihren protestiert, um jene zu retten, die noch am Leben waren?

Zwischen 1967 und 1970 wurde in Nigeria das Volk von Biafra systematisch dem Genozid ausgesetzt. Wann und wo haben ihresgleichen dagegen protestiert? Und anderseits: Wie schnell haben Sie den Einmarsch der Ostblockarmeen in die Tschechoslowakei und seine herausfordernd lügnerische Begründung vergessen? Und wie schnell die Selbstentlarvung der portugiesischen Kommunisten, die Zwangsmaßnahmen gegen Andersdenkende unternahmen und mit Drohungen die öffentliche Meinung zu beherrschen suchten – dies alles im Namen der wiedergewonnenen Freiheit?

Sie haben sich mit Recht über den Putsch in Chile entrüstet und das Terrorregime Pinochets verurteilt. Doch sind alle Ihresgleichen Feinschmecker; jenen Diktaturen, deren Errichtung die Sowjetunion gefördert hat, haben sie scheinbar nichts vorzuwerfen. Wie verderblich deren Tyrannen auch sein mögen, sie rufen ihre Empörung gar nicht oder nur vorübergehend hervor. Was in Libyen oder in Khomeinis Iran geschieht, geniert sie vielleicht, aber erzürnt sie nicht wirklich. Daß es weder in Vietnam noch in Nordkorea noch in Kuba oder Abessinien irgendwelche Freiheiten gibt, wissen sie zwar, aber da ihre Regime von Moskau als sozialistisch anerkannt sind, sind sie vor Ihrer Kritik gefeit. Ohne diese Anerkennung wäre jeder dieser Staaten für sie faschistisch und somit Feindesland.

Ich habe Ihresgleichen vor Jahrzehnten als Schieläugige bezeichnet; die Schieläugigen entscheiden gemäß parteiisch vorgefaßten Meinungen, was Recht und was Unrecht, wer Kain und wer Abel zu sein hat. Die Schieläugigen waren stets die devoten Ideologen der Mächtigen; heute gibt es sie sogar unter Leuten, die sich als Revolutionäre bezeichnen, sich aber auf die Seite der

Folterknechte stellen, wenn deren Opfer dem anderen Lager angehören, dann wieder gegen Unterdrückung und jegliche Freiheitsbeschränkung auftreten, wenn sie selbst oder ihre Gesinnungsgenossen deren Opfer zu werden drohen. Das wäre die übliche parteiische Borniertheit, wenn sich diese Schieläugigen in ihren Protesten nicht auf die Ethik beriefen und solcherart Gründe, die gut sind, zu Vorwänden degradierten.

Trotz aller Belehrungen, die die Geschichte seither allen Zeitgenossen hat zuteil werden lassen, bleiben sie dabei, daß es nach wie vor gelte, zwischen zwei Extremen zu wählen, und daß eine dritte Möglichkeit nicht gegeben sei. Sie würden das heute vielleicht nicht ohne weiteres zugeben wollen, aber sobald es darum geht, in einem offenen Konflikt Stellung zu nehmen, unterwerfen sie sich wieder dem Gebot der schwindelhaften Alternative, obwohl sie tatsächlich weder Kommunisten noch Faschisten sind: Pinochet oder Castro, das bleibt für sie die Frage. Weder Pinochet noch Castro – das wollen sie noch immer nicht wahrhaben.

»Doch will es mich bedünken, daß . . . sie beide stinken.« Mit diesen Worten hat der kluge Heine seinerzeit eine aufgezwungene Alternative zurückgewiesen. Im Unterschied zu jenem Dichter aber sind sie *Frömmler:* Sie haben im Politischen die Unwissenheit des Frömmlers, der nur Traktätchen liest, die ihn in seinem Glauben befestigen, und der alles Wissen, das ihn nicht bestärkt, als verdächtige Manipulation abweist. Gerade deswegen ist es so leicht, sie zu manipulieren und in ihnen immer wieder einen *bedingten Reflex* hervorzurufen und so die erwünschte Reaktion zu verursachen.

Es ist beinahe ein halbes Jahrhundert her, da reiste ich durch die Sowjetunion. In Leningrad war ich im vielgerühmten Pawlowschen Institut zu Gast, aber auch in anderen Städten wurde mir das berühmte Experiment mit einem Hund vorgeführt, der dank dem *bedingten Reflex* auf ein Glockenzeichen mit Speichelfluß reagierte, so als ob ihm eine begehrte Speise vorgesetzt würde. Diese Hunde taten mir leid, sie erschienen mir als erniedrigte Lebewesen, die alles über sich ergehen lassen mußten. So unfrei werden auch Menschen, die unter einer erdrückenden Diktatur leben müssen; die ihnen aufgezwungene Selbstentfremdung ist der *bedingte Reflex,* der ihnen die psychische Unterwerfung zur Gewohnheit macht. Wer wollte, wer dürfte sie richten?

Mit jeder Zeile, die ich in den letzten Jahrzehnten geschrieben habe, wollte ich all jene, die noch frei sind zu wählen, vor solchem *bedingten Reflex* warnen. Viele andere taten das gleiche mit dem gleichen, entmutigend unzureichenden Erfolg. Was – spätestens – seit 1953 bis heute geschehen ist, hat uns in beinahe allem recht gegeben, aber auf der extremen Rechten wie auf der extremen Linken den verblendeten Manichäismus nicht aus der Welt geschafft. Der Glaube an die *falsche Alternative* wurde zeitweise vielleicht erschüttert, aber nie ganz zerstört.

»Sie haben Ohren und hören nicht«, heißt es im Psalm; das gilt nicht nur für die Götzen, sondern auch für die Götzendiener. »Sie haben Augen und sie sehen nicht«, spottete mein Ahne, der Psalmist, und fuhr dennoch fort zu schreiben, als hoffte er, daß sie ihn trotzdem hören und lesen würden.

Dieses Beispiel ahmt jeder Schriftsteller nach. Auch ich tue es – am Tage mit der Feder in der Hand und im Morgengrauen nur im Gedanken an das Gewesene, an das Seiende und mit dem unabwendbaren Blick auf all das, was sein könnte.

SCHMERZLICHES GELÄCHTER

Man entgeht der Politik nicht, auch wenn man sich von ihr zurückgezogen hat. Meine politische Leidenschaft ist schon seit langem fast, aber eben nur fast erloschen. Der Politik bin ich indes noch immer nicht entronnen. Ihr gehören aber bei weitem nicht mehr alle Stunden, die ich auf der Brücke zwischen Gestern und Morgen wachend verbringe. Ich zerstreue mich oft, zum Beispiel, indem ich mir Filme vorspiele, sie rückblickend, so gut es gelingen will, Szene für Szene abrollen lasse. Zu meinem Repertoire gehören Filme verschiedener Gattungen, vor allem Western-, Abenteuer- und Kriegsfilme, weil es sich in ihnen um das nackte Geschehen handelt. Nicht selten aber denke ich an Einzelheiten jener Filme zurück, die uns alle zum Lachen gebracht haben – in erster Linie natürlich an Charlie Chaplin und Buster Keaton.

Jedoch verbringe ich auch einige Zeit mit einer bizarren Tätigkeit: Ich erzähle mir Witze. Das erscheint paradox, denn deren Wirkung kommt nur zustande, wenn der Zuhörer oder Leser am Ende durch die Pointe, die er natürlich noch nicht kennt, überrascht wird. Obschon in meinem Falle solche Überraschung ja ausgeschlossen ist, erheitert mich dieses Spiel, sooft ich es auch wiederhole. Allerdings versuche ich jedesmal, die Erzählung zu variieren und die Pointe wenn möglich schärfer zuzuspitzen.

In Wirklichkeit erheitern mich die jüdischen Witze nicht mehr so wie früher. Die Welt, aus der sie stammen, ist vernichtet worden – wer wollte, wer könnte dies vergessen? Überdies neige ich schon seit langem dazu, das Lachen, das sie hervorrufen, beinahe mit Mißtrauen zu betrachten.

Damals, etwa im Jahr 1911 oder 1912, zog durch unsere Städtchen und Dörfer ein Mann mit einer Maschine, die mit einem neuen, langen Wort als »Kinematograph« bezeichnet wurde. Am Abend zeigte man auf einer weißen Leinwand Menschen und Tiere, die sich vor unseren Augen bewegten, als ob sie leibhaftig da wären. Es war ein atemberaubender Zauber: der Mann, der Gänse stopfte; das Pferd, das aus dem Stall gerannt kam, und zum Schluß der »begossene Begießer« – ja, all das war ein Zauber, der die Zuschauer erstaunte, sie manchmal erschütterte, aber öfter zum Lachen brachte. Dann, ganz plötzlich, verschwand alles, ohne auf der Leinwand die geringste Spur zu hinterlassen.

L'arroseur arrosé, so hieß dieser aus Frankreich importierte Kurzfilm, der unvergessen geblieben ist: Der Gärtner, der Rasen und Blumenbeete begießt, will herausfinden, warum das Wasser im Schlauch plötzlich versiegt ist. Er tastet an ihm herum, schließlich hebt er ihn in Augenhöhe, da spritzt das Wasser plötzlich heraus und begießt den erschreckten Mann von Kopf bis Fuß. Noch tagelang, ja wochenlang erinnerten die Leute einander, wie sie sich da vor Lachen gekugelt hatten. Ich aber fühlte mich ausgeschlossen, mich hatte das spurlose Verschwinden der Menschen von der Leinwand zu nachhaltig beeindruckt. Im Jahr 1917, als ich jede Woche einmal ins Kino ging, spürte ich noch manchmal, aber immer seltener, diese Betroffenheit über ein Sein, das ohne Übergang zu Nichts wurde, im Nichts verschwand.

Neben den Reportagen von der Front und den zumeist sentimentalen Schauspielen gab es während des Krieges groteske Kurzfilme, die komische Einfälle aneinanderreihten und das Gelächter den Zuschauern geradezu aufzwangen. Ich lachte mit dem jugendlichen Publikum der Nachmittagsvorstellungen herzhaft mit, doch dauerte es einige Jahre, ehe ich ein sozusagen ernsthafter Lacher wurde. Ich brauchte das Lachen dringend, das hatte nicht nur ich entdeckt, sondern auch jene, in deren Mitte ich lebte.

Bald nach Kriegsende kamen immer zahlreicher Filme aus Amerika, deren Helden Tausendsassas waren, denen das Unmögliche stets gelang; Berge von Hindernissen stellten sich ihnen in den Weg, aber unerschrocken überwanden sie alles lachend, so daß man überdies fortwährend ihre weißen Zähne bewundern konnte. Ja, es war unmöglich, einen Douglas Fairbanks nicht zu bewundern. Wir waren ihm dankbar dafür, daß er uns vor Augen führte, wie ein wahrer Held auszusehen hat, wie er die Bösen spielend leicht besiegt und ebenso mühelos die schönsten Frauen erobert. Wer auf seiner Seite war, wie wir im verdunkelten Saal, der durfte sich glücklich schätzen. Bei diesen Filmen lachte man recht oft aus Freude, wie ein Kind lacht, wenn es glücklich ist, weil jeder Augenblick schön ist. Charlie Chaplin und Buster Keaton aber waren es, die uns – jeder auf seine besondere Weise – in eine Gegen-Welt einführten, über die wir bald erschrecken, bald lachen mußten.

Vorher betrachtete man in bürgerlichen und intellektuellen Kreisen den »Kintopp« als eine geistlose, beinahe kompromittierende Zerstreuung, gut genug für das gemeine Volk, aber nicht für die besseren Leute, die in die Oper und ins Theater gingen und ihre Kinder ins Kino oder in den Zirkus schickten. So fanden es meine Kameraden geradezu blamabel, daß ich, ein politisch interessierter Junge, ins Kino lief. Das änderte sich in Mitteleuropa zuerst dank dem deutschen expressionistischen Film der frühen Nachkriegszeit und nachher vor allem dank dem sonderbaren Gelächter, das aus den Kinosälen drang, als Charlie Chaplin und Buster Keaton nicht mehr als Komiker auftraten, sondern als seltsame, unwandelbare Figuren, die in einer anderen Welt zuhause, aber sonst heimatlos waren.

Worüber lachten die Zuschauer? Sie ahnten kaum, daß da vor ihren Augen etwas geschah, das über ihre lachenden Köpfe hinweg ihr Unbewußtes ansprach, sie erschütterte, erschreckte, erheiterte. Wie der begossene Begießer verschwanden auch diese Figuren spurlos von der weißen Leinwand, aber im Unbewußten des Zuschauers blieb etwas haften, das ihn unmittelbar berührte, dessen er aber gar nicht bewußt werden mußte. Er fragte auch nicht, wie und warum diese Scheinwelt bewirkte, daß er mit dem Leidenden mitfühlen und zugleich bis zur Selbstvergessenheit über ihn lachen konnte. Hie und da empfand der Lacher die eigene Heiterkeit wie einen tiefen, aber unsinnigen Schmerz, der blitzschnell vorüberging.

Selten dürfte sich einer mit Charlie Chaplin oder Buster Keaton identifiziert und daher emp-

funden haben, daß der eine wie der andere in jedem Augenblick mit einem böswilligen Schicksal um sein Dasein kämpfen mußte. Charlie war stets auf der Flucht vor den Starken, vor der Polizei, vor dem Hunger und der Kälte, jedoch bewahrte er die sonderbare zerschlissene Eleganz in Kleidung und Geste. Im voraus besiegt, blieb er unbesiegbar.

Einer Welt, die während eines nicht endenwollenden Krieges im Rausch der Heldenfimmelei gelebt und gemordet hatte, erstand in Charlie ein ungewöhnlicher Gegenheld: Er schlug beinahe niemals zurück, wich, so gut er konnte, den Schlägen aus, und am Ende waren die Starken so lächerlich, als ob sie erfolglos gegen einen Giganten gekämpft hätten. Erkannte sich der Zuschauer nicht in ihm, so mochte er indessen ahnen, daß Charlie die Menschlichkeit verkörperte, daß in den viel zu großen, breitgetretenen Schuhen mit den löchrigen Sohlen ein Ebenbild der Menschheit dahinwatschelte, in jeden Abgrund hineinstolperte und schließlich lebend wieder herauskroch und seine ziellose Wanderung auf einem Weg, der keiner war, fortsetzte, als ob nichts geschehen wäre.

Die Namen der Feldherren, deren Ruhm während des Weltkriegs bis in die letzte Hütte gedrungen war, wurden damals durch den Vornamen eines Komikers verdrängt, der stets im gleichen Gewande, mit den gleichen Gebärden und Ticks eines obdachlosen Hungerleiders aus dem Nirgendwo auftauchte und, obschon stets in Bewegung, nirgendwo hinging. Sich am Leben zu erhalten, war seine einzige, unsäglich mühsame Beschäftigung, er fand sich mit wenig ab, er lächelte oft und gerne, er lachte wie ein Kind, sobald ihn der Kampf um das so schwere Dasein einen Augenblick lang Ruhe und Sicherheit finden ließ.

Über diesen armen, völlig vereinsamten kleinen Mann, den man in jedem, auch dem kürzesten Film vor Widerwärtigkeiten und schlechten Menschen davonlaufen sah – über diesen vorbildlichen Pechvogel lachte man auf den fünf Kontinenten. Worüber eigentlich? Über die Lächerlichkeit seiner äußeren Erscheinung und seines Gehabens? Gewiß auch darüber. Aber nur schadenfrohe Menschen erheitert fremdes Unglück. Diese aber bildeten sicher nur einen winzigen Prozentsatz der zahllosen Millionen, die ins Kino gingen, um Charlie lachend zu bewundern.

Gewiß, in den frühen Sketches und Farcen und erst recht in den späteren großen Filmen gab es Szenen, die selbst einem abgestumpften Zuschauer Rührung, Mitleid und eine abstrakte Hilfsbereitschaft abrangen. Man kam jedoch nicht ihretwegen, sondern in der Vorfreude auf das Gelächter. Die *happy ends,* die Chaplin für *Goldrausch* und für *City Lights* gewählt hatte, riefen zwar Genugtuung hervor, aber sie waren zweifellos der am wenigsten überzeugende Teil dieser Meisterwerke, indes die letzten Bilder von *Zirkus* das authentische, wortlos traurige Ende veranschaulichen. Die Wanderung des Heimatlosen hat ihn an kein Ziel gebracht, nur in der Einsamkeit ist er bei sich.

Buster Keatons Filme enden im Gegenteil stets mit dem unerhofften Erfolg der unansehnlichen, ungeschickten und allen unglücklichen Zufällen wehrlos ausgelieferten Hauptfigur, die unter verschiedenen Namen immer die gleiche bleibt: Ein junger Mann, der nie eine Miene verzieht, nie lächelt und nie seufzt, ob er sich nun in Fallstricken verfängt oder sich ihnen schließlich entwindet. Trotz seinem rätselhaften Phlegma entwickelt dieser junge Mann, dem augenscheinlich keine noch so verzweifelte Lage aussichtslos erscheint, eine rastlose Tätigkeit, die mit der wachsenden, schließlich unüberwindlichen Schwierigkeit immer fiebriger wird, bis er zur lebhaften Genugtuung aller Zuschauer und entgegen aller Logik das Ziel erreicht.

Die Handlung beinahe all dieser Filme ist gewissermaßen ein Resümee der Geschichte der Menschheit, die leichtsinnig zahllosen Gefahren entgegenläuft oder sie unwissentlich hervorruft und sie dann zumeist zu spät erkennt, sich aber schließlich trotz ihrer wahnwitzigen Irrtümer und zahllosen Fehlschläge rettet. Durch Kriege, Hungersnöte, Naturkatastrophen und vernichtende Epidemien dezimiert, überlebt sie alles Unglück, zeugt Nachkommenschaft, ringt der Erde die Nahrung ab und baut ihre Städte. Um solches Überleben handelt es sich in Buster Keatons Filmen, um die Überwindung der äußersten Ungunst der Umstände, der zufälligen wie jener, die schicksalhaft sind wie die *conditio humana.*

Aber nicht so sehr um Zeugen dieses traumhaft unwahrscheinlichen Überlebens zu werden, sahen sich die Bewunderer Charlie Chaplins und Buster Keatons alle ihre Filme an, sondern vor allem um über jedes Unglück zu lachen, das diesen beiden Pechvögeln zustieß.

Scherze jener Art, die man in England als *practical jokes* bezeichnet, waren bis zum Beginn des Jahrhunderts überall beliebt. Man amüsierte sich in besseren Kreisen damit, daß man jemandem »einen Streich spielte«. So spielte Goethe einer

Bäuerin solch einen Streich, der ihn und seinen Fürsten erheitern sollte. Er schickte die Frau zum Brunnen, um Wasser zu holen, und warf, sobald sie sich entfernt hatte, eine lebende Katze in ihr Butterfaß. Ach, wie erschrak diese gute Frau, als aus dem Fäßchen ein wildes Miauen ertönte!

Oder man hüllte sich in weiße Laken und weckte um Mitternacht den lieben Logiergast. Das war der Schabernack, über den alle außer dem Opfer lachten. Auch einem den Stuhl von hinten wegzuziehen im Augenblick, da er sich setzen wollte, galt als ein besonders lustiger Streich.

Mit dem Lachen ist es aber ganz anders bestellt, als die damals so beliebten und auch heute nicht seltenen Scherzbolde und ihr dankbares Publikum meinen mochten. Scherzworte, Wortspiele und Anekdoten waren damals weit mehr im Schwange als heutzutage, und sie konnten boshaft und demütigend sein: »Wer den Schaden hat, der braucht für den Spott nicht zu sorgen«, hieß es allgemein. Aber zumeist ging es ja gar nicht darum, jemanden zu kränken, sondern die Tafelrunde zu erheitern und über geistreiche Bemerkungen zu lächeln. Der Witz, wie man das Wort im Deutschen versteht, dürfte wohl in der Nachfolge von Anekdoten und Wortspielen entstanden sein. Es ist übrigens bemerkenswert, daß es für dieses Wort in anderen Sprachen kaum eine adäquate Übersetzung gibt. Das englische *wit* bedeutet etwas anderes und ebenso *pun*. Das französische *trait d'esprit* bedeutet Geistesblitz, und das Wort *histoire* ist in diesem Zusammenhang meist als Anekdote zu verstehen. Gewiß gibt es bei vielen Völkern Witze, doch kursiert, scheint es, bei den Angelsachsen vor allem der irische und in Mitteleuropa der jüdische Witz. Glückliche Völker haben keine Geschichte, unglückliche Völker bringen mehr Witze hervor als die anderen, vielleicht weil sie sie nötiger haben.

Wien ist der Umschlagplatz des jüdischen Witzes gewesen und ist darin wohl am ehesten von New York und Tel Aviv abgelöst worden. In den Wiener Kaffeehäusern fassonierte man den ostjüdischen Witz und den Witz der böhmisch-mährischen und ungarischen Juden. Hier entstanden die mannigfachen Fassungen, in denen er leicht erzählbar wurde, von hier aus begann seine Verbreitung in aller Welt. Allerdings entstanden da auch jene Varianten, die von unbegabten Kabarettisten erzählt und von ebenso witzlosen Hörern dankbar aufgenommen wurden. Man vermischte die Gattungen und verfälschte den Witz, man stattete die handelnden Figuren mit herabsetzenden Familiennamen aus: Treppengeländer, Vogeldreck, Löwenschwanz und ähnlichen. Unter Berufung auf jüdischen Humor schmeichelte man so den jüdischen wie den nichtjüdischen Antisemiten. Nein, mit jenen *Lotzelach* hat der Witz, den wir meinen, natürlich nichts gemein. Jene sind bestenfalls erbärmliche, zugleich weitschweifige und kurzatmige Komik, dieser hingegen ist ironischer Humor und schmerzliches Gelächter.

Der alte Vater liegt im Sterben. Seine Söhne und Töchter horchen ängstlich auf den stokkenden Atem; es sind gewiß seine letzten Atemzüge. Der Sterbende, der noch ein letztes Wort zu sagen wünscht, hebt mühsam den Kopf: »Ihr wißt, meine Kinder, daß ich mir das Leben hätte leichter machen können, wenn ich nicht alle Gebote erfüllt und alle Verbote strengstens beachtet hätte. Armut und Plage habe ich auf mich genommen, nur um des ewigen Lebens würdig zu werden. Jetzt ist es endlich so weit. Ich stehe an der Schwelle des Jenseits – nur noch wenige Minuten.« Er verstummt eine Weile und fügt beinahe röchelnd hinzu: »Lachen aber möcht' ich, wenn es überhaupt kein Jenseits geben tät.«

Dieses Lachen ist gemeint in der Wendung

»Sie werden lachen . . .«, mit der man eine äußerst enttäuschende Mitteilung ankündigt. Um das gleiche schmerzliche Gelächter handelt es sich auch im folgenden anekdotischen Witz:

> Das war im Ersten Weltkrieg. Die Deutschen, die das russische Polen besetzt hielten, verlangten von den größeren Städten immer wieder Kriegskontributionen, die als Besatzungskosten galten. Der Leutnant, der in einer dieser Städte dem Gemeinderat den Zahlungsbefehl überbrachte, meldete nachher dem Platzkommandanten, daß da wohl gar nichts zu holen wäre, denn die Leute hätten geklagt und gejammert – die völlig verarmte Stadt könnte diese Summe beim besten Willen nie aufbringen. Anderntags brachte der Bürgermeister jedoch die verlangte Summe.
> Der Zahlungsbefehl, der Jammer der Gemeinderäte und schließlich die pünktliche Zahlung wiederholten sich so einige Male. Doch eines Tages meldete der klüger gewordene Leutnant seinem Vorgesetzten: »Nun ist es wirklich aus, denn diesmal haben die Juden nicht gejammert, sie haben überhaupt kein Wort mehr gesagt. Sie haben nur gelacht, sie haben mir ins Gesicht gelacht.«

Auch ich lachte, als ich in meinem Café diese

beiden so verschiedenen Witze zum ersten Mal hörte. Damals hieß es, daß die meisten ostjüdischen Witze mit dem Buchstaben »Z« beginnen: »Zwei Juden treffen einander . . .« Hier nun eine dieser Geschichten, die mit dem allerletzten Buchstaben anfangen:

Zwei Juden begegnen einander: »Haben Sie endlich ein Schreiben von Ihrem Sohn erhal-

ten?« fragt der eine. Der andere antwortet: »Ja, gerade heute. Furchtbar traurige Nachrichten: Man hat seinen Schwiegervater eingesperrt, das Geschäft und den ganzen Besitz der Familie bis auf weiteres beschlagnahmt. Mein Sohn ist ohne eine Kopeke geblieben, man hat ihn mit seinen Kindern aus der Wohnung hinausgeworfen, und seine Frau liegt schwerkrank im Spital.«
»Das ist aber schrecklich!« meint der Freund. – »Ja, es ist gar nicht zu sagen . . . Aber ein Hebräisch schreibt mein Sohn – es ist ein Vergnügen, den Brief zu lesen.«

Dieser Vater ist weder gefühllos noch dumm. Aber für ihn ist hebräisch *Laschon kodesch,* die heilige Sprache, in der Gott die Zehn Gebote erlassen hat. Also erhebt sich der Sohn mit seinem vorzüglichen Hebräisch weit über alle Miseren des Alltags.

Wieder zwei Juden:

Salmen und Scholem gehen miteinander am Sabbath-Nachmittag spazieren. Als endlich niemand mehr in Hörweite ist, sagt Salmen: »Weißt du, es gibt Leute, die gehen herum und erzählen im ganzen Städtel, daß du nicht mehr an Gott glaubst. Das ist doch eine Verleumdung, nicht wahr?« Scholem reagiert nicht.

Eindringlich wiederholt der Freund die Frage mehr als einmal, aber Scholem bleibt eine Weile stumm, endlich antwortet er: »Komm morgen zu mir, Salmen, morgen werde ich dir antworten.«
Bereits am frühen Morgen stellt sich Salmen ein und wiederholt eindringlich seine Frage: »Also glaubst du an Gott oder nicht?« – »Nein, ich glaube nicht«, sagt Scholem. »Und wenn das wahr ist, warum hast du es mir nicht gestern gesagt?« Darauf Scholem: »Was, am Sabbath sowas sagen?«

Die Chassidim ihrerseits glauben nicht nur an Gott, sondern auch an einen Zaddik, einen Rabbi, der sich gewöhnlich darauf berufen kann, vom Baalschemtow, dem Begründer des Chassidismus, einer mystischen Volksbewegung, oder zumindest von seinen Jüngern abzustammen. Es gab viele solche Zaddikim, jeder hatte seine Anhänger, die auf ihn allein schworen.

Ruwen und Schimon waren solche Chassidim. Als sie einander wieder einmal auf dem Jahrmarkt trafen, erklärte Ruwen stolz, daß er diesmal seinen Freund von der Überlegenheit seines Zaddiks überzeugen könnte. Er berichtet nun ausführlich, wie dieser jede Nacht mit dem Studium der heiligen Bücher verbringt und wie dann, bevor der Tag anbricht, der Prophet Eliah zu ihm kommt und mit ihm in den Himmel hinauffliegt. Dort trinken sie einen heißen Morgenkaffee und diskutieren die schwierigen Fragen, die der Rabbi in der Nacht erwogen hat.

»Also du siehst, Schimon, mein Zaddik ist ein wahrhaft heiliger Mann.« – »Nein, das glaube ich nicht«, erwidert Schimon, »die ganze Geschichte ist nicht wahr.« Darauf Ruwen: »Du kennst mich seit dreißig Jahren, du weißt, daß ich kein Lügner bin. Ich aber, wie du mich hier vor dir siehst, ich habe mit den eigenen Ohren diese Begebnisse aus dem Munde des heiligen Zaddik vernommen.« Gelassen erklärt Schimon: »Es tut mir leid, dann ist eben dein Rabbi ein Lügner.« – »Was für ein Narr du doch bist! Stellst du dir vor, daß der Prophet Eliah einen Lügner in den Himmel hinaufbringen und mit ihm dort Kaffee trinken möcht'?«

Der aufmerksame Zeitgenosse erkennt hier unschwer die durch die religiöse Dogmatik legitimierte Verkehrung des logischen Schlusses: Was bewiesen werden soll, wird als bewiesen vorausgesetzt. Genau so wird zum Beispiel der Herrschaftsanspruch der totalitären Diktatur gerechtfertigt: »Sowjetrußland kann nicht imperialistisch sein, weil sein Regime sozialistisch ist!« –

»Es ist umgekehrt offenbar, daß es nicht sozialistisch sein kann, eben weil es imperialistisch ist.« Und Leute, die über den Trugschluß Ruwens und über seinen Glauben an den mit dem Rabbi Kaffee trinkenden Propheten Eliah lachen, spotten ihrer selbst, denn sie glauben an *ihren* Eliah.

Es ist bemerkenswert, daß in diesen Geschichten sehr oft nicht jener als der Klügere erscheint, der das letzte Wort hat. Daher darf man vermuten, daß sie nicht aus dem Unglauben, sondern aus dem Zweifel von Tiefgläubigen herrühren. Denn der Erzähler wendet sich vornehmlich an jene, die nur an Wochentagen, aber nicht am Sabbath den Mut aufbringen, nicht zu glauben. Diese Zweifler setzen den Glaubensfanatiker einem Spott aus, der mitleidig ist, weil er mittelbar sie selbst trifft.

Der Rabbiner eines Städtchens mietet einen Wagen, um sich in das nahe, auf einem Hügel gelegene Dorf bringen zu lassen. Als die Straße anzusteigen beginnt, bittet ihn der Kutscher auszusteigen, um das schwächliche Pferd zu schonen. Hundert Meter weiter verlangt er vom Fahrgast, mit einem großen Stein hinter dem Wagen herzugehen und ihn jedesmal, wenn das Pferd haltmacht, unter das rechte Rad zu schieben. So geht's denn langsam aufwärts: der Kutscher vor dem Pferd, der Rabbi mit dem Stein hinter dem Wagen. Auf dem Rückweg muß der Rabbi vor dem Wagen hergehen und immer wieder den Stein unter das Vorderrad schieben. So kommen sie endlich wohlbehalten an. Während der Rabbiner zahlt, sagt er dem Kutscher: »Ich verstehe Gottes Vorgehen sehr gut. Du bist arm, übermorgen ist Sabbath, da schickt er mich, damit ich dir die paar Rubel gebe, die deine Frau braucht, um morgen den Sabbath zu bereiten. Es bleibt jedoch eine Frage offen: Wozu braucht Gott das arme Pferdel bei der Sache?«

Die Rabbiner, denen man häufig im Witz begegnet, sind gewöhnlich weltfremd und naiv und nur selten scharfsinnig und ironisch.

Ein junger Mann, der sich eine Geflügelfarm angeschafft hat, kommt zum Rabbiner, um sich Rat zu holen: seine Hühner siechen dahin, täglich sterben mehrere von ihnen. Ohne Zögern rät ihm der Rabbiner, die Tiere mit Maiskörnern zu füttern. Nach einer Woche kommt der junge Mann wieder, das Mittel hat nicht geholfen. Der Rabbi fragt: »Hast du dem Geflügel die Körner roh oder gekocht gegeben?« – »Roh«, antwortet der unglückliche Züchter. – »Also füttere sie ausschließlich mit gekochten Maiskörnern, dann wird alles gut sein.«

Wenige Tage später kommt der Mann verzweifelt wieder, es ist schlimmer denn je. – »Womit nährst du die Hühner?« – »Wie Ihr geraten habt, mit gekochten Maiskörnern.« – »Kalt oder warm?« fragt der Rabbi. – »Kalt.« – »Dann geh nach Haus und füttere sie nur mit heißen Körnern.« – »Gewalt, Rabbi!« ruft der Züchter, als er nach zwei Tagen wiederkommt, »meine Hühner krepieren noch schneller als vorher.« – »Wie gibst du ihnen die Maiskörner, trocken oder im Kochwasser?« – »Trokken«, erwidert er. Ihm wird geraten, sie nur im warmen Wasser zu verabreichen. Wieder zwei Tage später klagt der junge Mann verzweifelt: »Es ist furchtbar, die Hühner sterben mir alle weg. Habt Ihr vielleicht noch einen Rat für mich?« – »Sei getrost«, antwortet der Rabbi, »solange dir noch Hühner bleiben, so lange werde ich Ratschläge für dich haben.«

Nicht der Reiche und nicht der Rabbiner, sondern der »weise Lerner« genoß im Städtel das größte Ansehen. In allen Diskussionen erwartete man sein letztes Wort. Ließ er sich im Bethaus oder auf dem Marktplatz mit jemandem in ein langes Gespräch ein, so bildete sich um die Diskutierenden ein Kreis – man war begierig, eine scharfsinnige Replik zu erhaschen, über die man lächeln oder laut lachen durfte. Der Lerner illustrierte oder resümierte seine Auffassungen mit *Mescholim*, Beispielen, die in der Tat Gleichnisse waren. Die Zuschauer lauschten diesen Parabeln mit größerem Interesse als den eingeflochtenen Witzen, obschon sie oft genug auch in ihnen manch lehrreiche Parabel entdeckten.

In der zuweilen recht langen Pause zwischen dem Nachmittag- und dem Abendgebet kam es öfter zu längeren Debatten. Und da geschah es einmal, daß der provokant skeptische Apikoires (Epikuräer) eine »herbe« Frage aufwarf: »Wir wissen«, so begann er, »daß alle Völker ebenso wie unser Volk Weise hervorgebracht haben, deren Ruhm überall glänzt. So zum Beispiel Kopernikus, ein katholischer Geistlicher, der ausgerechnet hat, daß die Erde sich um die Sonne dreht und nicht umgekehrt. Jetzt glauben alle, daß er recht hat. In der Bibel aber steht, daß sich die Sonne um die Erde dreht wie alle Gestirne am Himmelsfirmament. Da erhebt sich die Frage: Wer hat recht?«
Natürlich wußten alle, daß die Bibel immer recht hat, um so gespannter erwarteten sie die Antwort des Lerners. Der ließ sich Zeit, ehe er das Wort ergriff: »Welch eine Kühnheit, Kopernikus mit der Bibel zu vergleichen. Desungeachtet aber bleibt bestehen, daß er die

Wahrheit gesagt hat. Ist so etwas möglich? Ja, das werde ich euch erklären:
Die Sonne hat sich seit dem ersten Schöpfungstag um die Erde gedreht – bis zur Schlacht um Gibeon. Ihr erinnert euch daran, es war die Schlacht, die Josua nur gewinnen konnte, wenn der Tag länger dauerte als sonst. So befahl er der Sonne: ›Sonne, bleib stehen!‹ Und die Sonne blieb stehen, weil Gott – gepriesen sei sein Name – es so wollte. Habt ihr nun irgendwo gelesen, daß Josua nach der gewonnenen Schlacht der Sonne befohlen hat, ihren Lauf wieder aufzunehmen? Nein, denn es steht nirgends geschrieben. Der Weltenschöpfer aber – sein heiliger Name sei gesegnet – hatte am Anfang das Licht von der Finsternis geschieden, so daß aus Abend und Morgen der allererste Tag wurde. Deshalb mußte auch nach der Schlacht die Finsternis der Nacht und das Sonnenlicht des Tages wiederkehren. Damit aber solches geschehe, mußte nunmehr die Erde beginnen, sich um die Sonne zu drehen. Und eben das hat der weise Kanonikus herausgefunden.«

Im ostjüdischen Witz begegnete man dem Heiratsvermittler (Schadchen) und dem professionellen Schnorrer, dem Geizhals und dem Pechvogel, dem Pantoffelheld und dem armen Spaßvogel sowie dem fortschrittlichen Epikuräer, der ein entschiedener höhnischer Gegner der Wunderrabbis war. Frauen wurden selten lächerlich gemacht, doch alle rächende Bosheit richtete sich gegen die grausame, lügnerische Stiefmutter und gegen ihren Mann, den dummen Vater der verwaisten Kinder.

Ein Schadchen rühmt einem Heiratskandidaten die Braut, die er für ihn gefunden hat: Tochter einer noblen und wohlhabenden Familie, die ihr eine beträchtliche Mitgift und eine herrliche Aussteuer gibt, ist sie zum Überfluß schön wie der Tag, klug und gebildet, spricht französisch und spielt Klavier. Der junge Mann erklärt sich sofort bereit, zur Brautschau zu gehen. »Ja«, erklärt darauf der Vermittler, »ich bin nicht wie die anderen Schadchonim, die die Braut über den Klee loben und deren Fehler verschweigen. So will ich Sie nur daran erinnern, daß es auf Erden keine Vollkommenheit gibt. Diese herrliche Jungfrau, die eines Kronprinzen würdig wäre, ja, auch sie hat einen kleinen Fehler: sie hinkt ein wenig.«
Der junge Mann erklärt zornig, daß er nie ein hinkendes Mädchen heiraten wird. Darauf der Schadchen: »Gut, soll sein. Sie heiraten also

ein Mädchen, das keine der Qualitäten meiner Kandidatin hat; dafür hinkt es nicht, gut! Da kommt der Winter. Ihre Frau kehrt mit einer vollen Einkaufstasche vom Markt zurück. Plötzlich fällt sie aufs Glatteis, zerschlägt sich das Gesicht, zwei Rippen und bricht sich außerdem ein Bein. Da beginnt eine kostspielige Geschichte mit Spitälern, Ärzten und Krankenschwestern. Und wenn alles gutgeht, bringt man Ihnen nach vielen Wochen die arme Frau zurück. Und was haben Sie da? Eine Frau, die hinkt. Ich aber, ich bringe Ihnen ja eine fertige Sache ins Haus!«

Der Schnorrer übt einen Beruf aus, der zwar nicht angesehen ist, aber zum jüdischen Alltag nicht weniger gehört als der des Ehevermittlers. Ohne ihn könnte man nicht das äußerst wichtige Gebot erfüllen, dem Bedürftigen zu helfen. Es fehlte zwar gewiß nicht an bettelarmen Juden in Osteuropa, aber nur relativ wenige von ihnen waren geneigt, Almosen zu verlangen und ihre Armut zur Schau zu stellen.

Manche Schnorrer hatten in größeren Städten ihre »Abonnenten«, bei denen sie einmal in der Woche ihr immer gleiches Almosen einkassierten. Als einige von ihnen am Abend zusammensaßen und über ihre Tageseinnahmen sprachen, entdeckte Mendel, daß er einen seiner regelmäßigen Spender nicht aufgesucht hatte. Er sprang auf, um das sofort nachzuholen. Ein Kollege warnte ihn, das Geschäft dieses Mannes wäre schon geschlossen. »Dann gehe ich zu ihm in die Wohnung«, rief Mendel. – »Besser nicht, schenk ihm diesmal den Schilling!« – »Was!« antwortete Mendel empört, »Ihm schenken? Wer schenkt mir was?«

Gewiß, es gab diskretere Bettler, vor allem unter den wandernden Jeschiwah-Bochurim, den Studenten höherer religiöser Schulen, die von einer Jeschiwah zur anderen wanderten.

An einem späten Herbsttag kam solch ein junger Mann nach einer langen Wanderung völlig durchnäßt und erfroren in das Bethaus eines Städtels, wo einige Beter auf den Anbruch des Abends warteten, um den letzten Gottesdienst zu verrichten. Sie erlaubten dem Wanderer, die Nacht im Bethaus, hinter dem Ofen, zu verbringen. Als der Diener Tee brachte, gab man auch ihm ein Glas, damit er sich erwärme. Inzwischen kam das Gespräch darauf, was jeder von ihnen sich wohl wünschen würde, wenn ihm ein Wunsch freistünde. Als die Reihe schließlich an den Vaganten kam, ließ er sich nicht lange bitten: »Ich«, begann er, »ich möchte der Prinz einer reichen befestigten Stadt sein, der Gatte einer schönen Frau und der Vater vieler Kinder. Eines Nachts sollen Feinde kommen, die Mauern der Stadt berennen und sie erobern. Verräter sollen ihnen die Tore meiner Burg öffnen, die Feinde sollen überall eindringen. Niemand soll mich wecken, erst im allerletzten Augenblick soll ich erwachen und im Hemd hinauslaufen, laufen und

laufen, bis ich soll kommen in ein Städtchen wie das euere und da gute Menschen treffen, die mich übernachten lassen auf der Bank neben dem warmen Ofen und mich mit heißem Tee und Zucker traktieren.« – »Fremder, du bist verrückt. Das alles hast du doch schon!« – »Wieso?« fragt der Bocher und knöpft seinen zerschlissenen Rock auf: »Wieso? Wo ist das Hemd?«

Zwei Wanderer, müde, hungrig und frierend, kamen in ein Dorf. Der Gastwirt erlaubte ihnen, bei ihm einzukehren und sich neben dem Ofen hinzulegen – der eine vor, der andere hinter dem Ofen.

Es war Sonntagabend, die Bauern versammelten sich hier nach dem Nachtmahl und tranken. Als sie über den Durst getrunken hatten, befahlen sie dem Mann, der vor dem Ofen lag, aufzustehen, laut zu singen, zu tanzen und Purzelbäume zu schlagen. Dann bildeten sie einen Kreis um ihn, stießen ihn mit ihren Fäusten von einem zum andern. Er stürzte oft, wurde hochgerissen und wie ein Packen hin- und hergeworfen. Die Bauern waren außer Rand und Band. Plötzlich brach ein Streit zwischen ihnen aus, der Wirt verbot Schlägereien in seinem Lokal, darum stürzten sie alle hinaus. Da wandte sich der geplagte Jude an seinen Gefährten: »Sie werden bald zurückkommen und mich wieder quälen. Ich kann aber nicht mehr. Bitte tausch mit mir!« Sie tauschten den Platz. Bald kamen die Bauern zurück und stürzten sich auf den Mann vor dem Ofen. Da griff ihr Ältester ein: »Man muß gerecht sein. Den haben wir genug geplagt, jetzt holen wir den andern, den hinter dem Ofen.« Und so geschah es.

Obschon diese Geschichte, die zugleich Lachen und Seufzen hervorruft, als typisch jüdisch bezeichnet werden darf, gibt es ihresgleichen auch bei anderen Völkern, so wahrscheinlich bei den Iren, die, nur um zu überdauern, auch lernen mußten, über sich selbst zu lachen, wenn Worte zu schwach waren, um die Ungerechtigkeit zu beschreiben, deren sie sich so oft erwehren mußten, deren sie sich aber nicht erwehren konnten, weil die Feinde zu mächtig waren, sie selber aber Fremde im eigenen Haus.

Winter 1942 in Polen. Ein Flüchtling aus dem benachbarten Städtel berichtete über die Gewalttaten der Nazis: böswillige Quälereien, namenlose Demütigung, Raub und Totschlag, Deportationen, Erschießungen auf dem Marktplatz und im benachbarten Wäldchen.

Man fragte ihn: »Was habt Ihr da gemacht?« – »Nach den letzten Aktionen haben wir nicht wie sonst nur die ersten 75 Psalmen aufgesagt, sondern alle 150 bis zum allerletzten Wort, und außerdem haben wir gefastet wie am Versöhnungstag.« – »So war's recht«, antwortete man ihm. »Man darf sich nicht alles gefallen lassen. Man muß sich wehren!«

Die Verfolgten verspotteten so sich selbst, ihre Wehrlosigkeit und die unerklärliche Gleichgültigkeit des Allmächtigen.

Was bleibt, wenn nichts mehr bleibt, das Rettung bringen könnte oder auch nur einen letzten Rest an Hoffnung, das ist der schwarze Humor. Man findet ihn in jenen authentischen Witzen, die einem Leiden abgerungen worden sind, einer Verzweiflung, der keine Tröstung folgt, sondern nur das quälende Bewußtsein der Ohnmacht und des eigenen Versagens und die Einsamkeit der Verfolgten.

Man ahnt, daß es einen engen Zusammenhang geben könnte zwischen diesen Witzen und den tragischen Gags Kafkas, Ionescos und Becketts.

Manche Witze, die ich mir in den frühen Stunden des Tages mit geringfügigen Varianten immer wieder erzähle, pflegte ich in meinen psychologischen Kursen zu zitieren, um einen vertrackten Sachverhalt in wenigen Worten zu resümieren oder übertreibend zu verdeutlichen.

In Gedanken an den Lerner des Städtels wandte ich den Witz als Parabel an. Diese bleibt, lange nachdem das Gelächter verstummt ist, in Erinnerung und ist mir willkommener als das Gelächter, das, obschon verdächtig, dem Erzähler so genehm ist. Ich muß oft an die Pointe eines ostjüdischen Witzes denken, des einzigen, von dem ich nur die letzten Worte kenne: »Du lachst? Weh dir und deinem Gelächter!«

GEDÄCHTNIS

In diesem herbstlichen Sommer schläfern mich zuweilen die beharrlichen Regengüsse ein, die eintönig auf die blechernen Dachrinnen schlagen. Einige Stunden später, im Morgengrauen, weckt mich ein sich zornig überstürzender Regen, der sich während einiger Minuten verlangsamt, ehe er, von einem heftigen Winde an die Mauern gedrückt, gegen Läden und Fenster anzustürmen beginnt.

Ich habe meine frühe Kindheit in einem Lande verbracht, dessen längste Jahreszeit der Herbst ist. Dort ertränkt der kalte Regen den zu heißen Sommer, noch ehe der Monat August vorbei ist; er weicht die Straßen auf, so daß sie Sümpfen gleichen, und engt den Horizont so ein, daß man unter dem verschrumpften Himmel beinahe fürchten muß, von der Welt für immer abgeschnitten zu sein.

In solchen Regennächten dürfte ich zum ersten Mal die besondere Einsamkeit empfunden haben, in der man das Ende eines Geschehens mit der gleichen passiven Ungeduld abwartet wie der Müde den Schlaf, der ihn flieht. So erfuhr ich in recht früher Kindheit, daß die Zeit des aufgezwungenen, unentrinnbaren Wartens sich ausdehnt und zu einer beinahe quälenden langen Weile wird.

In jenen Nächten kam ich auf ein unfehlbares Mittel, mich dieser Mißstimmung zu entziehen: Ich rief gegen das wachsende Unbehagen Erinnerungen an ferne und nahe Tage auf; sie lenkten mich vom Regen ab und vom unnützen Warten auf sein Ende. Ich erlebte so die befreiende Wirkung des Gedächtnisses, das auf Wunsch das Gewesene vergegenwärtigt und so die Macht des Gegenwärtigen vermindert. Hingegen suchte ich in den Erinnerungen keine Geheimnisse, nicht das wissentlich oder unwissentlich Verborgene.

Bereits in meinen frühen Diskussionen mit Psychoanalytikern habe ich darauf bestanden, daß das meistverbreitete Geheimnis der Menschen die Tatsache ist, daß sie in Wahrheit keines haben. Dies ist so offenbar wie die Lösung des kindischen Rätsels, das die Sphinx vor Theben dem Wanderer Ödipus aufgegeben hat.

Kein Mensch – und wäre er der vorsichtigste Lügner – ist imstande, das, was er als sein wahres Wesen betrachtet, auf die Dauer vor der Selbstenthüllung zu bewahren. Und so seltsam es klingen mag, verrät er sich nicht zuletzt deshalb, weil sein Geheimnis ihn gegen seinen Willen fortgesetzt an all das erinnert, was er vergessen oder verhüllen möchte. Nichts belebt eine Erinnerung so sehr, nichts drängt sie so in den Vordergrund des Bewußtseins wie der Wunsch, sie auszulöschen, das heißt, sie aus dem unablösbaren Zusammenhang mit der gelebten Zeit auszuschließen.

Bewußtsein ist vor allem ein bewußtes Sein in der Zeit. Es verleiht dem gerade verfließenden Augenblick eine übermäßige Bedeutung und vermindert sie gleichzeitig dadurch, daß es alle vorher entschwundenen Augenblicke, die ja alle einmal größenwahnsinnige Gegenwart gewesen sind, in die Vergangenheit exiliert. Unser Verhältnis zur Zeit ist anderseits dadurch gekennzeichnet, daß sie uns nur in dem Maße gehört, wie sie in uns eindringt. Wir sind in ihr wie ein Schwimmer, der nie das Wasser verlassen darf; eines Tages wird er darin ertrinken. Wir konsumieren die Zeit und werden von ihr konsumiert, bis sie uns endlich verschlingt.

Seit vierundsiebzig Jahren fülle ich mich so mit Zeit an. Den gegenwärtigen Augenblick kann ich gar nicht anders erleben als gemäß einem System des Vergleichens und seiner Eingliederung in die unberechenbare Zahl der Augenblicke, die ich so viele Jahrzehnte lang agglomeriert habe und die nun meine präsente Vergangenheit bilden. Sie gehört mir, gewiß, doch bin ich meinerseits ihr Gefangener.

In meiner Jugend schon glaubte ich zu wissen, was das Alter, besonders das hohe Alter ist. Nun erst erkenne ich, wie sehr ich mich geirrt habe, denn ich erfahre täglich, daß es anderes ist und weit mehr als ein ständig wachsender *Zukunftsverlust* und die Verengung der Gegenwart durch unaufhaltsame Verminderung der körperlichen Disponibilität. Noch ist man Zeitgenosse, aber nicht mehr in gleichem Maße wie früher. Das sich verschlechternde Gedächtnis entfernt den bejahrten Mann nicht, wie man vermuten möchte, vom Vorgestern, sondern weit mehr vom nahen Gestern und von der gerade vergangenen Stunde.

Das Gedächtnis war es, das mir den Weg zur Literatur und gleichzeitig zur Psychologie geebnet hat. Das mußte wohl so geschehen in einem Jahrhundert kühner Psychologen, die dank der Wiederbelebung von Vergessenem, also von nur scheinbar ausgelöschten Erinnerungen, die besonderen Umstände und Erlebnisse entdeckten, welche das Werden, die Entwicklung beziehungsweise die Fehlentwicklung des gesunden wie des leidenden Menschen erklären konnten. Es war nicht zwangsläufig, jedoch denkbar, daß der seelisch Kranke durch neu erinnerte Erlebnisse und deren Deutung geheilt werden könnte.

Es scheint mir bemerkenswert, daß gerade in diesem Jahrhundert der fortgesetzten Beschleunigung geschichtlicher Vorgänge und der Verallgemeinerung technischer und sozialer Zukunftshoffnungen diese Suche nach der verflossenen Zeit einsetzte. Etwa gleichzeitig unternahm es der junge Pariser Marcel Proust in dem siebenbändigen Roman »Auf der Suche nach der verlorenen Zeit«, die Geschehnisse als erinnerte Ereignisse und Erlebnisse dichterisch so zu gestalten, als ob sie dadurch erst wirklich und wahr würden.

Das Heimweh nach dem verlorenen Paradies, nach der märchenhaften guten alten Zeit, hatte mit der Verfälschung verblaßter Erinnerungen zu tun, die der gerade herrschenden Generation zustatten kam, um ihre Autorität gegenüber den ungeduldigen Nachkommen zu legitimieren und das Neue durch den unvorteilhaften Vergleich mit dem Alten zu entwerten. Im Gegenteil ermöglichte nun die Enthemmung des Gedächtnisses, falsche Gewißheiten zu erschüttern und Alltagsmythen abzuschaffen: zum Beispiel die von der guten alten Zeit, von der glücklichen Kindheit, der untrübbar reinen Liebe, die Eltern und Kinder bindet. Mit langatmigen, gewundenen Sätzen stellt Proust alle Beziehungen als Bewegungen dar, die in zahllosen Wendungen zu leidenschaftlicher Hingabe, unerklärlichen Entfremdungen und zu verspäteten Wiederbegegnungen führen, die dem erinnerungssüchtigen Erzähler so erscheinen, als ob sie nur Platzwechsel von Schatten gewesen wären, die gemäß einem verkehrten Naturgesetz Körper warfen – als ob das Gedächtnis die Vergangenheit nicht widerspiegelte, sondern in den Erinnerungen dem Geschehen erst eine Struktur verliehe und ihm so eine faßbare Dauer sicherte.

Danach wäre das Gesetz der dichterischen Erfindung eben jenes, das die Wahrheit und die Wirklichkeit zuerst gestaltet, ehe sie tatsächlich auftauchen. Was, so formuliert, als umwegig labyrinthische Beschreibung erscheinen mag, war bereits im ersten Jahrzehnt dieses Jahrhunderts in der bildenden Kunst – etwa in der kubistischen und expressionistischen Malerei – sichtbares Werk geworden: hier ergaben Konturen und Farben der Bilder nicht Nachahmungen von Landschaften, Körpern, Gesichtern oder Gegenständen, waren also nicht Entdeckungen, sondern Erfindungen. Nicht nur in diesen Werken kündigte sich der *Verlust der Selbstverständlichkeiten* an, sondern auch in anderen Bereichen des geistigen Schaffens.

Sich von der Last der Vergangenheit zu befreien, genüge nicht, hieß es schon seit langem. Diese

Befreiung sei nur dann möglich, wenn man sie mit einem revolutionären Ziel, also im Hinblick auf eine völlig neu zu gestaltende Zukunft unternimmt.

Die Führer der Oktoberrevolution verkündeten, daß mit ihrem entscheidenden Sieg das Ende der Vorgeschichte erreicht war und mit ihm die Zukunft bereits begonnen hatte. Wir glaubten es. Nach der ästhetischen Revolution, nach der psychologischen Revolution, die dem Individuum den Weg zur Selbsterkenntnis und zu einem Neubeginnen öffnete, kam die soziale Revolution, die unter Berufung auf eine materialistische, alle Herrschaftsformen enthüllende Geschichtsauffassung nicht nur denen, die nichts zu verlieren hatten, das Evangelium der klassenlosen Gesellschaft brachte: »Was das Gesetz der Geschichte gebietet, muß, wird sein, wenn ihr es nur erkennt und befolgt. Der Weg in die Zukunft fordert von jenen, die das Vergangene kritisch begriffen haben, daß sie die Welt grundlegend verändern.«

(Man hätte da mißtrauisch werden müssen, denn diese dialektische Formel erinnert gar zu sehr an die religiöse Devise: »Hilf dir selbst, dann hilft dir Gott« und an die Behauptung, daß Gott stets auf der Seite der stärkeren Bataillone sei . . .)

Nein, unsere jungen Jahre sind nicht zur guten

alten Zeit geworden. Die Welt war damals – vor fünfzig, sechzig Jahren – gar nicht gut und heiter, aber wir, die so jung waren wie das Jahrhundert, wir hatten das Glück, in einer Epoche zu leben, in der das Neue reifte, sich schnell, ja unaufhaltsam durchsetzte: der marxistische Sozialismus beeinflußte die Denkweise zahlloser Zeitgenossen, denen er unter anderen Umständen wohl fremd geblieben wäre. Trotz ihren erstaunlichen Widersprüchen und ihren verfehlten Schematisierungen drängte die deutende Psychologie ihrerseits, die Gewohnheit des unbedenklichen Glaubens durch die des Erfragens und zugleich das stereotype Menschenbild durch ein Porträt der Person zu ersetzen, dessen Wesen nicht mehr als *gefrorenes Sein,* sondern als stetes *Werden* begriffen werden sollte. Schließlich befreite man sich im Bereiche der schöpferischen Leistung, in der Musik, der bildenden Kunst, später auch in der Literatur von der *Macht der Vorbilder.* Endlich wurde man nicht nur von ihnen unabhängig, sondern souverän gegenüber den Auftraggebern und Abnehmern: Fortab zieht der Künstler ein Publikum an, das er selbst mit seinen Werken allmählich aufgezogen hat.

Es hat dergleichen gewiß in früheren Zeitaltern gegeben, aber nur fallweise und vorübergehend. Unsere Befreiung aber geschah und setzte sich gerade zu einer Zeit durch, als auf dem europäischen Kontinent totalitäre Diktaturen entstanden, die Kunst und Künstler erbarmungslos verfolgten, sofern sie sich ihnen nicht in totalem Gehorsam unterwarfen. So vieles die allmächtigen Herrscher und ihre Komplizen auch vernichtet und verhindert haben – die Kunst ist unbesiegt sich selbst ein Zweck geblieben und niemandem ein Mittel geworden.

Trotz allem, trotz den monströsen Zerstörungen, dem unermeßlichen Unglück, dessen Opfer oder Zeugen wir alle gewesen sind – am späten Abend des Jahrhunderts stellen wir fest, daß sich wenigstens in den Ländern der demokratischen Demokratien so manches zum Guten, wenn nicht zum Besten gewendet hat, jedenfalls sofern es um die Freiheit des Seins und des Bewußtseins geht, um die Freiheit zu denken, zu schaffen, laut zu loben und zu tadeln.

Hat also unsere Kultur eine ihrer höchsten Stufen erreicht? Dagegen werden Einwände erhoben und viele Fragen laut: Ist es nicht wahr, daß in der spätkapitalistischen Welt alles verkommt, versumpft, daß die produktions- und konsumwütige Bevölkerung der höchstentwickelten Länder das biologische Gleichgewicht auf Erden erschüttert, die Umwelt zerstört und damit die Menschheit gefährdet?

Ist es nicht wahr, daß die Städte nunmehr von seelenlosen Geschöpfen bewohnt werden, die in nutzlosen Reisen und anderer Ablenkung vergeblich Zuflucht vor ihrer eigenen Leere suchen? Daß sie sich mit Fernsehspektakeln ihre unerträgliche Langeweile vertreiben, wenn sie nicht in verschiedenen Giften den Sinn ihres Lebens suchen?

Ist es nicht wahr, daß wir in einer unheilen, lebensfeindlichen, selbstzerstörerischen Welt leben?

Meine Freunde und ich, wir waren stets darauf aus, Andersdenkende zu überzeugen. Wir diskutierten mit Bekannten und Unbekannten, mit erklärten Gegnern und Gleichgültigen. Ach, wir hatten stets so gute Argumente, so viele Gewißheiten, die die Vergangenheit und die Gegenwart, vor allem aber die Zukunft betrafen. Überdies bereitete uns das Diskutieren ungeheuern Spaß, besonders wenn der Partner gescheit, gebildet und trotzdem anderer Meinung oder gar ein besonders aktiver Gegner war. Doch erwies es sich als langweilig und aussichtslos, jemanden überzeugen zu wollen, der von dem Ausmaß der eigenen Unwissenheit keine Ahnung hatte.

In meinen Nachtstunden habe ich oft in Gedanken mit Autoren von Büchern diskutiert, die ich vor dem Einschlafen gelesen hatte. Solche fiktiven Gespräche mochten nur wenige Minuten dauern, wenn der Schlaf mich übermannte, aber viel länger, wenn die Lektüre ihn verscheucht hatte. In den letzten Jahren geschah dies viel seltener, weil mir Meinungen gleichgültig geworden sind. Nach wie vor möchte ich lernen, neues Wissen gewinnen; deshalb suche ich zum Beispiel in den Zeitungen nur noch Informationen und lasse die Meinungen beiseite. Was ich davon brauche, erzeuge ich selber.

Zuviel Meinung, zu wenig Wissen begründen die Frage: »Ist es nicht wahr . . .?« Sie ist mir in öffentlichen Debatten oft genug herausfordernd gestellt worden, besonders nach Vorträgen, in denen ich mich entschieden zur Unersetzbarkeit des wissenschaftlichen und technischen Fortschritts bekannte und seine ungleichmäßige Verbreitung beklagte. Ich äußerte auch die Überzeugung, daß die üblen Begleiterscheinungen vieler Errungenschaften mit den Mitteln zu beseitigen sind, die eben nur die Technik dank neuer Erfindungen hervorbringen könnte. Auf alle »Ist-es-nicht-wahr«-Fragen antwortete ich mit dem Hinweis auf die höchst bedeutsamen Verbesserungen der Lebensbedingungen, die die absolute Mehrheit der werktätigen Bevölkerung in den industriellen Ländern erlangt hat, und mit der

Feststellung, daß es gelungen ist, die Kindersterblichkeit auch in Arbeiterfamilien auf ein Mindestmaß herabzusetzen und die Lebensdauer wesentlich zu verlängern.

Einem inneren Zwang gehorchend, vergleicht der Neurotiker das, was er nicht ist oder ist, mit dem, was der andere ist oder nicht ist, ebenso das, was er nicht hat oder hat, mit dem, was der andere hat oder nicht hat. Ihn treibt zu solch verfehlter Selbstbefragung die Befürchtung, zu kurz zu kommen, oder das Ressentiment, Opfer einer Benachteiligung geworden zu sein. Politische Vergleichsschwindler messen die Gegenwart nicht an dem Gewesenen, sondern stellen ihr das wünschenswerte, aber inexistente Seinsollende entgegen: die gemeine Wirklichkeit den nirgends verwirklichten Träumen der Utopisten.

Wer wollte nicht für den Umweltschutz eintreten, das heißt dafür, daß alles geschehe, was erforderlich ist, um Technik und Natur zu versöhnen. Aber eine Weltanschauung oder Lebensauffassung aus einer solchen Notwendigkeit ableiten zu wollen, erscheint mir als töricht oder als ein Mißbrauch. Genau das aber streben jene an, welche die Ökologie auf Grund sektiererischer Dogmen praktizieren wollen unter der Vorgabe, solcherart eine Welt zu schützen, die keine Dogmen, aber um so dringender neue Techniken braucht, um mit der Technik zu leben.

Das wohl der theologischen Terminologie entlehnte Wort von der »unheilen Welt« war in den Jahren einer nie vorher gekannten, anhaltenden Prosperität das Kennwort der apokalyptischen Ankläger. Gegenwärtig, in der allgemeinen Wirtschaftskrise und angesichts der wachsenden Not, der Arbeitslosigkeit, ist dieser Ausdruck viel weniger im Schwange. Auch die gehässige Verachtung der Konsumgesellschaft ist nicht mehr obligat; in Schriften über die gegenwärtigen Verhältnisse wird sie seltener zum Ausdruck gebracht. Die allgemein proklamierte, doch im Privatleben keineswegs praktizierte Ablehnung des technischen Fortschritts ist jedoch verschärft worden, ebenso die Anklage gegen die Wissenschaften, die skrupellos dem unheilvollen Fortschritt dienen.

Die Welt der Menschen ist nie heil gewesen, das wissen alle, überdies ist es wahrscheinlich, daß sie es auch dann nicht sein wird, wenn es endlich gelingen sollte, unseren Planeten in eine nährende, schützende Heimat für alle zu verwandeln. So paradox es klingen mag, diesem Zustand sind wir jedoch trotz allem näher als je zuvor.

Nach wie vor erleben wir schaudernd, was auf dem ganzen Erdenrund geschieht, denn wir sind die erste Generation, deren Erlebnisbereich wirklich alle Kontinente umfaßt. Zeitlich und bildlich werden uns alle Ereignisse so nahe gerückt, daß wir deren Zeugen werden und uns von ihnen betroffen fühlen, als ob sie uns unmittelbar angingen: So sind wir in gewissem Maße bereits jetzt Weltbürger – neben- oder miteinander in einer noch mörderisch uneinigen, aber dennoch *einzigen* Welt, die in nicht allzu ferner Zeit wird einig werden oder untergehen müssen. Ja, daran glaube ich unerschütterlich, doch sehe ich natürlich nicht ab, ob meine Urenkel oder erst deren Urenkel Kosmopoliten, Bürger einer endlich geeinten Welt sein werden. Denn wer Zeuge des Bösesten und Besten gewesen ist, dessen Menschen überhaupt fähig sind, der weiß, daß, was Menschen im Frieden zustande bringen, für alle Zukunft unvergleichlich wichtiger ist, als was sie in Kriegen zerstören. Neben der Gerechtigkeit, der Liebe und der Güte ist es der Fortschritt, der das Dasein der Menschen auf Erden rechtfertigt.

Mein Fortschrittsglaube ist indessen so wenig naiv wie ich selber. Wir schreiten in der Tat nur so weit vorwärts, wie wir unbedingt müssen. Die zahlenmäßig geringe Bevölkerung eines schwer zugänglichen Bergtals, sie allein kann autark dahinvegetieren und ihren Zustand unverändert beibehalten, bis eine Naturkatastrophe oder eine feindliche Invasion über sie hereinbricht. Wenn jedoch in unserer offenen Welt der Geburtenzuwachs unverändert bleibt, werden die Quellen der wirtschaftlich nutzbaren Energie in einem heute kaum vorstellbaren Maße vervielfacht werden müssen, oder aber man wird durch Sterilisierung und Kindesmord die Geburtenrate weit unter die Todesrate senken.

An die Notwendigkeit und die Möglichkeit des Fortschritts glaube ich im gleichen Maße, wie ich die unfaßbare, durch den Tod erzeugte Nichtigkeit und die Größe der Menschheit als erwiesen betrachte. Diese Größe ist kein Gottesgeschenk, sondern die Frucht der täglich neu zu erringenden Prämie für die Überwindung all dessen, was am Menschen nicht gut, nicht stark genug und in unserem Dasein nicht ausreichend sinnvoll ist. Einzelne, die Begabten zum Beispiel, müssen, weil sie können – alle zusammen aber können wir nur, weil wir müssen.

Gibt es einen mit der gesellschaftlichen Entwicklung zusammenhängenden Fortschritt auch in der künstlerischen Schöpfung? Könnte man etwa Michelangelo mit Phidias vergleichen, Shakespeare mit Sophokles? Einen Lope de Vega, Racine, Molière oder Schiller mit Shakespeare? Unsinn! Es ist nicht immer aufschlußreich, aber immerhin möglich, im Bereiche der mittleren Größen Vergleiche anzustellen, aber das Unvergleichliche bleibt unvergleichbar über Jahrhunderte, über Jahrtausende hinweg.

Gewiß, ein wesentlicher Fortschritt ist erreicht, wenn Bauern und Arbeiter nicht mehr als Rüpel, als »Rhabarber-Rhabarber«-raunende Komparsen oder als Masse blindwütiger Trottel gezeigt werden. Das gilt für das Theater ebenso wie für die Malerei und die Literatur. Sozial, im Zusammenhang mit den gesellschaftlichen Verhältnissen betrachtet, ist diese Wandlung bedeutsam, aber ästhetisch ist sie es nicht oder nicht immer. Gerhart Hauptmanns Drama »Die Weber« hat zwar theatralisch seinen Wert bewahrt, jedoch weniger als andere, schwächere Stücke des Expressionismus und gewisse Schauspiele Pirandellos, die das Theater unserer Zeit weit stärker beeinflußt haben, weil sie seine überlieferten Formen entwertet und die scheinbar natürliche Logik der Handlung entbehrlich gemacht haben. Nach dem Ersten Weltkrieg beanspruchten beinahe alle Künste das Recht, die von Zuhörern, Zuschauern und Betrachtern erwartete Kontinuität zu verweigern, die allzu gewohnten Akkorde von Tönen, Worten, Farben und Konturen zu diskordieren.

Es dauerte Jahre, bis man die Meinung aufgab,

dies geschehe, weil die Künstler ihr Handwerk nicht gut genug verstünden. Wie es viele Jahrhunderte gedauert hat, ehe man einsah, daß die Bildhauer der romanischen Kirchen nicht wegen ihres fachlichen Ungenügens, sondern gemäß ihrem Gefühl und ihrer Absicht ihre Werke so »primitiv« oder »formschwach« gestaltet hatten. Heute pilgert man von nah und fern zu den wenigen Kirchen, die man seinerzeit nicht zerstört hat, als es galt, der stürmisch triumphierenden, fortschrittlichen Gotik Platz zu machen.

So wäre der Fortschritt im Bereiche des Schöpferischen, sofern man ihn überhaupt gelten lassen will, gewiß nicht linear, sondern wie eine Bewegung in einem mit zitternder Hand ungenau gezeichneten, doch sich stetig vergrößernden Kreise. Ähnliches sollte erst recht für die Philosophie gelten, die seit Jahrtausenden Antwort auf Fragen gibt, welche sie gezwungen ist, immer wieder – nur wenig verändert – aufs neue zu stellen. Ihre Schutzheilige ist die emsige Penelope, die jeden Morgen am gleichen Gewand nähte und es wohl auch nach der Rückkehr ihres Ulysses nicht fertig bekam.

Wer kultureller Pluralist ist, dem ist vor keiner neuen Form, vor keinem neuen Inhalt bange. Wieviel Neuestes ist jedoch in diesem Jahrhundert herausfordernd, ja fast drohend angepriesen worden, aber nun schon seit langem auf dem Schindanger angelangt, wo es beinahe noch schneller fault als der rosige Kitsch unserer Altvorderen. Daß jemand noch jung oder es seit geraumer Zeit nicht mehr ist, sollte niemanden für ihn oder gegen ihn einnehmen. »Du bist, der ich gewesen; du wirst sein, der ich bin« – diese Botschaft eines Toten fordert zur Selbstermahnung auf, die jeder mit einer entsprechenden Umstellung der Fürwörter beherzigen sollte. Ich tue das heute genau so wie vor einem halben Jahrhundert und übe mich, im alten Gesicht die Züge des jungen wiederzufinden, und im jungen Gesichte die Entstellung, die das Alter an ihm verüben wird. So lese ich Bücher und betrachte Bilder – bemüht, das, was neu an ihnen ist, nicht zu verkennen und zu erwägen, welche Präsenz ihnen zwanzig Jahre später gesichert oder versagt bleiben wird.

Seit langem denke ich daran, ein satirisches Buch über den heutigen Psychologismus oder genauer: über die Psychophraseologie zu schreiben, welche die unzulänglich begründeten Verallgemeinerungen der Psychoanalyse bedenkenlos übertreibt und Vermutungen an die Stelle von Theorien setzt. Wie so viele, habe auch ich so manches der Freudschen Lehre zu verdanken; das vergesse ich nicht, obschon ich ihr jetzt kritischer gegenüberstehe als je. Hier geht es jedoch nicht um Freuds Grundauffassungen, sondern um seinen monopolistischen Anspruch, der noch vor kurzem, insbesondere in Amerika, eine beinahe grenzenlose Zustimmung gefunden hat. Diesen ungeahnten Publikumserfolg verdankt die Psychoanalyse nicht zuletzt der Anziehungskraft der Freudschen Terminologie, ohne deren Gebrauch und Mißbrauch man in bürgerlichen und intellektuellen Kreisen gar nicht mehr auskommen kann, denn sie ersetzt alle Antworten, die man sonst suchen und mit eigenen Worten formulieren müßte. Ödipuskomplex, verdrängte Inzestwünsche, Schuldkomplex, Todeswünsche, Narzißmus, Frustration, Penisneid und ein Dutzend ähnlicher Ausdrücke erklären jedem alles, sie bieten die Lösung aller Fragen, gleichviel ob es nun gilt, Persönlichkeit und Werk eines verstorbenen Dichters zu analysieren oder die Triebfedern einer politischen Bewegung – aller Rätsel Lösung ist im voraus gegeben. Die Leute waten in seichten Gewässern, in deren Tiefe sie genau das finden, was sie mitgebracht haben – eben den Ödipuskomplex, den Inzestwunsch usw., usw. . .

Ich habe nur einen kleinen Bruchteil der unzähligen in diesem Geist geschriebenen Bücher gelesen. An ihnen fällt mir am ärgerlichsten auf, daß deren Autoren zumeist unfähig sind, aus eigenen Erfahrungen Einsichten zu gewinnen, noch mehr aber ihr Mangel an Menschenkenntnis. Alfred Adler, der Begründer der vergleichenden Individualpsychologie, die eine kritisch-deutende Menschenkenntnis ist, riet seinen Schülern: »Wenn Sie einen hilfsbedürftigen Menschen vor sich haben, vergessen Sie alle Bücher und Lehren. Sehen und hören Sie ihn nur an.« Auch Adler hat einige Termini gebraucht, um seine Funde zu bezeichnen, aber nur seine unbegabtesten Jünger beschränkten sich auf deren Gebrauch, wenn sie eine Situation, einen Charakter, seelische Störungen und deren Ursachen erklären sollten.

Ja, ich hätte eine Satire schreiben wollen über jene Leute, die die Menschen nicht wahrhaft erkennen, weil ein Berg aufgeblasener terminologischer Phrasen sie von ihnen trennt. Ich plante überdies eine weit ernsthaftere Satire, die enthüllen sollte, wie der extreme Psychologismus zu einem globalen Rechtfertigungssystem wird, welches Vorwände und Ausreden liefert für folgenschwere Unterlassungen und Handlungen und schließlich für die feige Flucht in seelische Taubheit, in Krankheit oder in zerstörerische Aggressivität.

Nicht nur weil ich andere Aufgaben als vordringlicher empfinde, werde ich über all das nicht schreiben, sondern weil ich zuversichtlich darauf rechne, daß andere es tun werden – skeptische junge Psychologen, die, später gekommen, jeder Ideologisierung und jeder Art von Psychologismus mühelos widerstehen werden.

In meinem fünfunddreißigsten Lebensjahr habe ich eine Romanfigur erdacht, den alten Wiener Professor Erich von Stetten. Ich brauchte ihn nur für eine kurze Episode, um eine zentrale Figur unter einem kontrastierenden Aspekt zu zeigen. Aber Stetten blieb, ich ließ ihn vieles sagen, was ich nur schrieb, um es gerade ihm in den Mund zu legen. Er wuchs wie aus eigener Kraft und gewann in diesem trilogischen Roman eine eigene, große Bedeutung. Es war mir traurig zumute, als ich ihn im Herbst 1939 im Häuschen eines Pilzzüchters, hart am Rande der Route nationale 143, in der Nähe von Arras sterben ließ. Ein erfahrener Romancier warf es mir vor: »Es war unklug, einen Mann wie Stetten so früh verschwinden zu lassen. Sie hätten ihn unbedingt für den dritten Band der Trilogie aufsparen sollen.«

Als er noch in Wien war, kam es häufig vor, daß Erich von Stetten zu nächtlicher Stunde ins Zimmer seiner dreijährigen Enkelin Agnes trat, um auf ihre Atemzüge zu lauschen. Er lebte in der Gewißheit, daß ein Krieg von planetarischem Ausmaß herannahte. Er durfte nicht vorher sterben und das Kind allein lassen. Das Kind, das war die geliebte Enkelin, aber nicht sie allein. Die Menschheit war ein Kind – harmlos und gefährlich. Noch zehn, fünfzehn Jahre wollte er mit Agnes sein in dieser namenlos unglücklichen Epoche.

Ich sah zu Stetten, dem Alten, auf; nun bin ich fünf Jahre älter, als er in seiner Sterbestunde war. Es geschieht nicht selten, daß ich Emma, mein jüngstes Enkelkind, so betrachte wie er seine Agnes: mit Angst vor allem, was ihrer Generation bevorstehen mag. Aber auch mit einer großen Zuversicht, mit jenem »impermeablen jüdischen Optimismus«, den Stetten seinem einzigen Jünger, somit auch mir vorwarf. Jedoch würde er es mir nicht weniger übelnehmen, wenn ich ihn aufgäbe, denn er wußte seit jeher, welch eine besondere Bewandtnis es mit diesem Optimismus hat: Er ist nicht so sehr der unbrechbare *Wille zur Hoffnung* als die kategorische Ablehnung der Mutlosigkeit, somit ein *Widerstand gegen die Resignation,* die im Zustand der Verzweiflung so leicht zur Lockung wird. Und am Ende ist all mein Schreiben – es begann im Schatten grausamer Enttäuschungen – Widerstand gewesen und geblieben.